# 外贸实操基础教程

主　　编　张岸嫔　李　娜
副 主 编　成晓丽　张　瑜
参　　编　张玉萍　宋秋红　周希来

机械工业出版社

本书采用任务驱动模式编写，按照外贸新手入门的具体实践环节将学习内容分为成为外贸新人、初涉外贸业务、约定合同条款、履行出口合同和核算外贸效益五个模块。内容由浅入深、通俗易懂，通过具体的工作任务，介绍外贸新手入门相关的知识、技能，并在每个任务中设置了实训任务和实训评价，可以让读者系统、全面地了解和掌握外贸入门的必备知识、工作流程以及具体操作，在做中学，真正掌握专业一技之长。

本书配套资源丰富，包括教学视频、电子课件和习题答案。本书可作为中、高等职业学校国际商务、跨境电子商务和商务英语等相关专业的教材，也可供对外贸感兴趣的社会人士自学，亦可作为相关培训班的教学用书。

**图书在版编目（CIP）数据**

外贸实操基础教程 / 张岸嫔，李娜主编. —北京：机械工业出版社，2023.8
ISBN 978-7-111-73587-8

Ⅰ. ①外… Ⅱ. ①张… ②李… Ⅲ. ①对外贸易—教材 Ⅳ. ①F75

中国国家版本馆 CIP 数据核字（2023）第 137808 号

机械工业出版社（北京市百万庄大街 22 号　邮政编码 100037）
策划编辑：张雁茹　　　　　　　责任编辑：张雁茹
责任校对：潘　蕊　张　薇　　　封面设计：张　静
责任印制：张　博
河北鑫兆源印刷有限公司印刷
2023 年 9 月第 1 版第 1 次印刷
184mm×260mm・10.5 印张・219 千字
标准书号：ISBN 978-7-111-73587-8
定价：35.00 元

电话服务　　　　　　　　　　网络服务
客服电话：010-88361066　　　机　工　官　网：www.cmpbook.com
　　　　　010-88379833　　　机　工　官　博：weibo.com/cmp1952
　　　　　010-68326294　　　金　书　网：www.golden-book.com
**封底无防伪标均为盗版**　　机工教育服务网：www.cmpedu.com

# 前言 PREFACE

随着经济全球化的不断深入，我国外贸呈现出全方位、多层次、宽领域的开放格局和蓬勃发展态势。伴随着"一带一路"合作倡议的深入推进，中国与"一带一路"沿线国家的国际贸易合作和交流日趋繁荣，大力推动了外贸的高质量发展。随着外贸企业数量大幅增加，对不同层次的外贸专业人才的需求不断扩大。鉴于此，我们组织职业院校教师、行业企业专家以及职教专家等编写了本书，以引领有志于从事外贸工作的新手成功走进外贸领域，同时帮助外贸领域的新人更快、更好地完成外贸工作。

本书全面落实党的二十大报告关于"实施科教兴国战略，强化现代化建设人才支撑"和"深入实施人才强国战略"重要论述，明确把培养大国工匠和高技能人才作为重要目标，大力弘扬劳模精神、劳动精神、工匠精神，深入产教融合、校企合作。本书也是在"三教"改革背景下，紧跟产业升级和信息技术发展，做的一次新形态教材编写探索。本书有以下几个方面的特色与优势：

1）采用任务驱动式的编写结构，基于移动互联网技术，配套开发信息化资源，通过二维码将纸质教材和教学资源库的线上线下教育资源有机衔接，大大拓展了教材内容，且使教学资源动态化，便于学生学习和理解，能够更好地激发学生的学习兴趣。

2）为了向读者更好地展示外贸业务的完整操作流程，本书从出口方的视角，用一个全过程出口典型业务案例贯穿全书始终。

3）按照外贸新手入门的具体实践环节将学习内容分为成为外贸新人、初涉外贸业务、约定合同条款、履行出口合同和核算外贸效益五个模块。

4）本书内容融入了主导行业、主流企业的先进技术、工艺流程、实操案例等行业企业真实素材，是校企深度合作的成果，有助于培养外贸类技术技能人才。

5）本书内容由浅入深、通俗易懂，通过具体的工作任务，介绍外贸新手入门相关的知识、技能，并在每个任务中设置了实训任务和实训评价，可以让读者系统、全面地了解和掌握外贸入门的必备知识、工作流程以及具体操作，在做中学，真正掌握专业一技之长。

本书配套资源丰富，包括视频、电子课件和习题答案。本书可作为中、高等职业学校国际商务、跨境电子商务和商务英语等相关专业的教材，也可供对外贸感兴趣的社会人士自学，亦可作为相关培训班的教学用书。

本书由金华开放大学（浙江商贸学校）的张岸嫔、李娜任主编，金华开放大学（浙江商贸学校）的成晓丽、张瑜任副主编，浙江金华科贸职业技术学院的张玉萍、绍兴市职业教育中心的宋秋红和义乌市梦灵进出口贸易有限公司的周希来参与了本书的编写工作。具体编写分工如下：模块一，模块二任务二、任务三，模块四任务三由张岸嫔执笔；模块三任务一～

任务四，模块五任务二、任务三由李娜执笔；模块三任务五～任务七，模块四任务一，模块五任务一由成晓丽执笔；模块二任务一，模块三任务八，模块四任务二由张瑜执笔；张玉萍、宋秋红和周希来参与了本书提纲和任务情景的讨论，并提供了企业典型案例等资料。全书由张岸嫔和李娜统稿。本书在编写过程中得到了浙江曼迪斯工贸有限公司外贸部经理罗丽娟、同类职业院校教师以及学校领导和同事的大力支持，特别是国际商务教研室相关专业教师给予了极大的帮助，在此一并表示感谢。

　　由于时间仓促和编者水平有限，对于书中存在的一些纰漏和不足之处，敬请使用者和同行提出批评和指正。

编　者

# 目录 CONTENTS

前言

**模块一　成为外贸新人** ·········································································· 1
　　任务一　初涉外贸行业 ········································································ 2
　　任务二　认知外贸岗位 ······································································· 11

**模块二　初涉外贸业务** ········································································· 18
　　任务一　开发客户技巧 ······································································· 19
　　任务二　开启磋商之门 ······································································· 27
　　任务三　认知外贸合同 ······································································· 37

**模块三　约定合同条款** ········································································· 43
　　任务一　确定品质条款 ······································································· 45
　　任务二　确定数量条款 ······································································· 54
　　任务三　确定包装条款 ······································································· 59
　　任务四　确定价格条款 ······································································· 67
　　任务五　确定装运条款 ······································································· 75
　　任务六　确定保险条款 ······································································· 80
　　任务七　确定支付条款 ······································································· 86
　　任务八　其他合同条款 ······································································· 97

**模块四　履行出口合同** ········································································ 108
　　任务一　落实信用证 ········································································· 109
　　任务二　备货出货 ············································································ 113
　　任务三　制单结汇 ············································································ 118

**模块五　核算外贸效益** ········································································ 130
　　任务一　掌握价格换算 ······································································ 131

  任务二 核算出口换汇成本 …………………………………………………… 134
  任务三 核算出口盈亏额与出口盈亏率 …………………………………… 138

# 附录 ……………………………………………………………………………………… 141
  附录 A 《国际贸易术语解释通则》2020 版本主要修订解读 ……………… 141
  附录 B 《跟单信用证统一惯例》（UCP600） ………………………………… 144

# 参考文献 ………………………………………………………………………………… 161

# 模块一

# 成为外贸新人

## 学习目标

### 知识目标

1．了解国际贸易的基本概念。
2．了解国际贸易业务的主要关系人。
3．掌握国际贸易业务流程。
4．熟悉外贸岗位。
5．了解外贸从业人员的职业素养。

### 能力目标

1．能够计算国际贸易额和对外贸易额。
2．能够区分贸易顺差和贸易逆差、净出口和净进口。
3．能够计算对外贸易依存度。
4．能够针对具体业务情景，描述进出口贸易业务流程。
5．能够区别外贸各岗位的工作职责。

### 素养目标

了解国际贸易惯例和法规，增强法律意识。

## 任务书

请参照图 1-1 所示思维导图和表 1-1 中的学习任务开展实践活动。

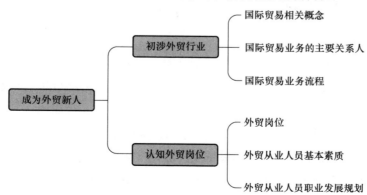

图 1-1　成为外贸新人思维导图

表 1-1　成为外贸新人学习任务

| 序号 | 学习任务 | 学习任务简介 | 学习要点 | 实践活动 |
| --- | --- | --- | --- | --- |
| 1 | 初涉外贸行业 | 根据外贸企业工作要求，学习国际贸易相关概念，掌握国际贸易业务的主要关系人，熟悉国际贸易业务流程 | 1. 国际贸易核心概念<br>2. 进出口业务中涉及的主要关系人<br>3. 出口贸易业务流程和进口贸易业务流程 | 结合实际案例，比较各概念的区别；针对外贸企业背景材料能简要说出进出口贸易的流程 |
| 2 | 认知外贸岗位 | 根据外贸企业工作要求，了解外贸相关岗位及其基本素质 | 1. 能够结合国际商务专业简单描述外贸企业各岗位<br>2. 能分析外贸从业人员应具备的基本素质 | 结合校企合作企业开展外贸岗位基本素质要求调研活动 |

# 任务一　初涉外贸行业

## ▶ 任务导航

李敏是一名中职学生，经常听老师说："金华人，十个人中有七个从事和外贸有关的工作。"于是对该行业产生了浓厚的兴趣，想着毕业后自己也能从事外贸相关工作。因此李敏经常向学长兼好友张刚打听面试情况。张刚某一天收到了金华华升服饰有限公司（Jinhua Huasheng Fashion Co., Ltd.）（以下简称华升公司）的面试通知。张刚拿到的面试问题是：

1. 假如你是国内某品牌服装的生产商，那么把服装卖给中国杭州的客户与把服装卖给美国纽约的客户，这两种贸易性质是否相同？如果性质不同，两者区别是什么？

2. 假如你是我方出口部的外贸业务员，公司出口的是全棉女式衬衫，你准备如何开展外销业务？该批业务的出口贸易流程是什么？

## ▶ 知识充电站

## 一、国际贸易相关概念

### （一）国际贸易和对外贸易

国际贸易（International Trade）又称世界贸易，是指世界各国（地区）之间货物、劳务和技术的交换活动。国际贸易是世界各国（地区）相互之间劳动分工的表现形式，它反映了各国（地区）在经济上的相互依赖关系。

如果从一个国家（地区）的角度来看，它同其他国家（地区）所进行的商品交换活动被称为对外贸易（Foreign Trade）。如果从世界的角度来看，就把各国（地区）对外贸易的总和称为世界贸易（World Trade）。而一些海岛国家，如英国、日本的对外贸易常被称为海外贸易（Oversea Trade）。

> ✏️ **实践活动**
>
> 问题：假如你是国内某品牌溜冰鞋的生产商，那么把溜冰鞋卖给中国郑州的客户与把溜冰鞋卖给加拿大的客户，这两种贸易性质是否相同？如果性质不同，两者区别是什么？

### （二）出口与进口

一国或地区的对外贸易可以分为出口和进口两个部分。

出口（Export）又称输出，是"进口"的对称，是指一国或地区生产或加工过的商品和服务向国外出售。出售商品和服务的国家称为出口国。出口商品和服务收入的货币总额称为出口额。出口是一国或地区外汇的主要来源。

进口（Import）又称输入，是"出口"的对称，是指一国或地区商品和服务由国外购进，用于本国生产和生活消费。从国外购进商品和服务的国家称为进口国。进口商品和服务所支付的货币总额称为进口额。

一个国家或地区一定时期内的出口额与进口额的差额就是净出口（Net Export），也可称为贸易差额（Balance of Trade）。

当净出口为正值时，可称为贸易盈余、贸易顺差或出超（Trade Surplus）；当净出口为负值时，可称为贸易赤字、贸易逆差或入超（Trade Deficit）。

贸易顺差表明一国或地区外汇有净收入，外汇储备增加。贸易逆差表明一国或地区外汇有净支出，外汇储备减少。

> ✏️ **实践活动**
>
> 1. 一国一定时期内某种商品的进口额小于出口额称为（　　）。
>    A. 贸易顺差　　　B. 贸易逆差　　　C. 净出口　　　D. 净进口
> 2. 某年 W 国的出口总值是 2200 亿美元，进口总值是 2400 亿美元，试计算 W 国当年的贸易差额。
> 3. 长期贸易顺差对一国是否有利？

### （三）对外贸易额与国际贸易额

对外贸易额（Value of Foreign Trade）又称对外贸易值，是指一个国家或地区在一定时期内的进口额与出口额之和。一般用本国货币表示，也可用国际上习惯使用的货币表示。联合国发布的世界各国对外贸易额是以美元表示的。

大多数国家（地区）在统计有形商品时，出口额以 FOB 价格计算，进口额以 CIF 价格计算；无形商品不报关，海关没有统计。对外贸易额是反映一国或地区对外贸易规模化和状况的一个重要指标。

国际贸易额（Value of International Trade）这一概念不同于对外贸易额，它是指一定时期内世界各国（地区）出口额的总和，而不是指世界各国（地区）出口额和进口额之和，也不是指世界各国（地区）对外贸易额之和。统计国际贸易额，必须把世界各国（地区）的出口额折算成同一货币后相加。

 实践活动

1. 某年世界出口总值 17619005 亿美元，世界进口总值 17827911 亿美元，则世界贸易总值是（　　）。

　　A. 17619005 亿美元　　　　　　B. 208906 亿美元
　　C. 17827911 亿美元　　　　　　D. 35446916 亿美元

2. 2019 年甲国出口总额为 210 亿美元，进口总额为 250 亿美元，则其对外贸易总额为（　　）。

　　A. 210 亿美元　　B. 460 亿美元　　C. 250 亿美元　　D. 380 亿美元

3. 世界出口贸易总额为什么总是小于世界进口贸易总额？

### （四）国际贸易商品结构与对外贸易商品结构

国际贸易商品结构（Composition of International Trade）是指一定时期内各大类商品或某种商品在整个国际贸易中的构成，即各大类商品或某种商品贸易额与整个世界出口贸易额之比，以比重表示。国际贸易商品结构可以反映出整个世界的经济发展水平、产业结构状况和科技发展水平等。

就某一个国家来说，对外贸易商品结构（Composition of Foreign Trade）是指一定时期内一国进出口贸易中各种商品的构成，即某大类商品或某种商品进出口贸易额与整个进出口贸易额之比，以份额表示。对外贸易商品结构可以反映出该国的经济发展水平、产业结构状况和科技发展水平等。

 实践活动

不能反映一国经济发展水平的概念是（　　）。

　　A. 出口依存度　　　　　　　　　B. 对外贸易地理方向
　　C. 对外贸易商品结构　　　　　　D. 国际贸易商品结构

### （五）国际贸易地理方向和对外贸易地理方向

国际贸易地理方向（International Trade by Region）亦称国际贸易地区分布，是指在一定时期内世界贸易的洲别、国别或地区分布情况和商品流向。通常以一定时期内世界各洲、各国或地区的出口额（或进口额）占世界出口贸易总额（或进口贸易总额）的比重来表示。它反映世界各洲、各国或地区在国际贸易中所占的地位。计算各国在国际贸易中的比重，既可以计算各国的进出口额在世界进出口总额中的比重，也可以计算各国的进出总额在国际贸易总额（世界进出口总额）中的比重。

对外贸易地理方向（Direction of Foreign Trade）又称对外贸易地区分布或国别构成，是指一定时期内各个国家或地区在一国对外贸易中所占有的地位，通常以它们在该国进出口总额或进口总额、出口总额中的比重来表示。对外贸易地理方向指明一国出口商品的去向和进口商品的来源，从而反映一国与其他国家或地区之间经济贸易联系的程度。一国的对外贸易地理方向通常受经济互补性、国际分工的形式与贸易政策的影响。

 **实践活动**

假定 A 国的出口额占世界出口贸易总额的 5%，B 国的出口额占世界出口贸易总额的 15%，则表明 B 国在国际贸易中的地位比 A 国高。通常用来描述这一地位的概念是（　　）。

A. 国际贸易地理方向　　　　　　B. 对外贸易额
C. 国际贸易商品结构　　　　　　D. 净出口

### （六）对外贸易依存度

对外贸易依存度（Degree of Dependence on Foreign Trade）又称对外贸易系数，是指一国的进出口总额占该国国内生产总值的比重。它不仅用来衡量一个国家的经济对国际市场的依赖程度，也反映了一个国家的经济开放程度。

如果一个国家的对外贸易依存度过高，其国内经济发展就易受到国外经济影响或冲击，世界经济不景气（如国际金融危机）对本国经济冲击就较大。如果一个国家的对外贸易依存度过低，则说明其没有很好地利用国际分工，享受国际分工的利益。因此，各国应该根据本国国情，探讨不同阶段如何选择本国最佳的对外贸易依存度。

 **实践活动**

某国的国民生产总值为 2 万亿美元，商品进口值为 6000 亿美元，出口值为 4000 亿美元，则该国的对外贸易依存度为（　　）。

A. 30%　　　　　B. 20%　　　　　C. 10%　　　　　D. 50%

### （七）国际贸易惯例和法规

国际贸易与国内贸易相比，存在着不同的市场环境因素。因此，会产生对相同的业务方法理解不同的问题。为了保证业务操作的公平性和公正性，在进行业务操作时，必须以国际贸易惯例和法规为原则。

国际贸易惯例也是进出口买卖合同应当遵循的重要的法律规范。国际贸易惯例是国际贸易法的主要渊源之一，它是指在国际贸易的长期实践中逐渐形成的一些有较为明确和固定内容的贸易习惯和一般做法。国际贸易惯例通常是由国际性的组织或商业团体制定的有关国际贸易的成文的通则、准则和规则。

目前，外贸业务中经常应用的国际惯例和法规主要有《联合国国际货物销售合同公约》《跟单信用证统一惯例》《托收统一规则》《国际贸易术语解释通则》等。

### （八）电子口岸与单一窗口

电子口岸（Electronic Port）是中国电子口岸执法系统的简称。该系统运用现代信息技术，借助国家电信公网，将各类进出口业务电子底账数据集中存放到公共数据中心，国家职能管理部门可以进行跨部门、跨行业的联网数据核查，企业可以在网上办理各种进出口业务。电子口岸目前有中国电子口岸和各个地方的电子口岸，现在各个地方都在建设自己的电子口岸。

目前，中国电子口岸已经与海关、国检、国税、外管等执法部门联网，提供了海关报关、加工贸易、外汇核销单、出口退税等业务功能。中国电子口岸目前主要开发全国统一的执法功能和网上备案、数据报送企业办事业务。

单一窗口（Single Window；Sole Window），简单介绍就是贸易商能够通过一个入口，向各相关政府机构提交货物进出口或转运所需要的单证或电子数据。如果按照联合国贸易便利化和电子业务中心 33 号建议书做出的解释，单一窗口是指参与国际贸易和运输的各方，通过单一的平台提交标准化的信息和单证以满足相关法律法规及管理的要求。

单一窗口与我国所推动的电子口岸建设是十分相近或者说是相似的。但是我国的电子口岸是具有中国特色的，它考虑到了地域的不同、管理体制的不同，分为中央层级和地方层级两个平台，相互协作，互为补充，但是它要完成的目标和国际上提倡的单一窗口的目标是一致的。也可以说我国的电子口岸是具有中国特色的单一窗口工程。

 实践活动

　　我国现行的电子口岸和单一窗口是一样的吗？

## 二、国际贸易业务的主要关系人

交易双方在开展国际贸易活动时均要涉及政府部门、海关（检验检疫）、保险公司、承运人和银行等相关关系人，如图 1-2 所示。

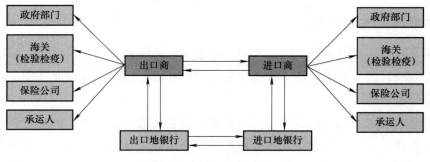

图 1-2　国际贸易业务的主要关系人

### (一) 出口商

国际贸易中的卖方（Seller）是从事制造或外贸销售业务的厂商，他们将原材料、零部件、制成品等商品提供给国外买家，有时人们也把卖方称为供货商（Supplier）。大多数的厂商都喜欢直接交易，即直接出口，但有时一些规模不大的厂商从事直接贸易就必须有一批具有出口业务常识的从业人员，设置专门处理出口工作的部门；有些规模较大的厂商可能希望进一步扩大销售、开发新市场，也会委托出口代理商作为出口商（Exporter）进行间接出口。

我国有一些专业外贸公司，它们都具有进出口经营权限，可以直接办理各项进口或出口报关手续。这些公司可以作为进出口商直接从事两国之间或多国之间的贸易；它们也可以受托为国内的企业特别是一些中小企业代理各项进出口事宜。代理人只可以根据买方或卖方所定的价格购进或卖出，由买方或卖方给予一定的佣金。

### (二) 进口商

国际贸易中的买方（Buyer）是指将原材料、零部件、制成品等商品从国外买进来以进一步进行加工制造、装配、转售他人的公司或个人，他们大多是从事生产制造的企业或从事流通业的商家。进口商（Importer）是指从国外购入商品后自定价格、自负盈亏在国内销售或专门经营进口业务的商人。

在自由贸易的一些国家或地区，个人或厂商可以直接进行进口贸易，他们可以不受限制地对外签订合约，办理货物的进口和货款的支付。作为贸易中的买方，如果他们可以自己直接办理各项进口业务，那么这时的买方也就是进口商。但是在一些贸易管制比较严格的国家或地区，没有得到对外贸易经营授权的买方按照规定不能直接办理进出口报关手续。这时如果他们想从国外买进原材料或商品，就要委托有进出口经营权的代理人代理他们办理各项进口业务。

### (三) 政府部门

政府部门是负责一国不同社会领域管理职能的部门。相关政府主管部门贸易制度与贸易政策的制定，无论是进口贸易还是出口贸易，都要受政府部门的管控。我国外贸的行业主管部门是商务部，业务监管部门主要有税务局、海关（出入境检验检疫机构）、外汇管理局、工商局、口岸管理办公室等。

### (四) 海关（检验检疫）

海关是国家进出境监督管理机关。海关在原有安全准入（出）、税收征管风险防控基础上，增加了卫生检疫、动植物检疫、商品检验、进出口食品安全监管等职责，通过建立信息集聚、优化高效、协调统一的风险防控体系，推行全链条式管理，强化智能监管、精准监管。

>  **实践活动**
>
> 金华某企业生产的商品销往上海,该企业是否需就该批货物向海关申报?

### (五)保险公司

保险公司是经营保险业务的经济组织,进出口商通过投保可以转移和分散风险。国际贸易运输路线长,不可控因素多,风险大,进出口商与保险公司合作,有利于降低损失。进出口商可以直接向保险公司投保,或通过保险代理人进行投保。

### (六)承运人

承运人是指在运输合同中承担或取得铁路、公路、海洋、航空、内河运输或多式联运的任何人,他们负责将货物从一个国家运往另一个国家,包括船运公司、航空公司、铁路或公路运输公司、快递公司、物流公司及他们的代理人。任何一笔国际贸易业务都离不开承运人,进出口商必须按照运输行业的规则和惯例与承运人合作。

### (七)银行

银行是提供存款、汇兑和储蓄等业务服务,承担信用中介的金融机构。在国际贸易中,银行不仅为进出口商提供资金融通,传递商业信息,还是货款结算的必要中介。

## 三、国际贸易业务流程

国际贸易的业务环节很多,各个环节之间均有密切的、内在的联系。在实际业务中,不同的交易、不同的交易条件,其业务环节也不尽相同。在具体工作方面,各个环节又常需要先后交叉进行,或者出现齐头并进的情形。但是,无论是出口贸易还是进口贸易,就它们的基本业务程序而言,均可概括为以下四个阶段。

### (一)交易准备阶段

交易准备阶段是国际贸易业务流程的开端,该阶段的主要工作是寻找商业机会、开展广告宣传、调研客户资信、选择贸易伙伴和了解相关贸易政策等。

### (二)合同磋商和订立阶段

合同磋商和订立阶段是指通过当面洽谈或函电联系等方式,与国外客户就交易条件进行商洽,最终达成一致意见并签订合同的阶段。该阶段由询盘、发盘、还盘、接受四个环节组成。

### (三)合同履行阶段

合同履行阶段是国际贸易业务的实质阶段,是进口商支付货款收取货物或出口商交付货物收取货款的全过程,具体包括备货报检、催证、审证、改证、租船订舱、办理保险、制单结汇、发货报关等环节。

## （四）善后处理阶段

善后处理阶段是妥善处理国际贸易进出口余留问题的阶段，一般包括出口退税、解决争议、拟写善后函等业务内容。

国际贸易的出口贸易业务流程和进口贸易业务流程分别如图 1-3 和图 1-4 所示。

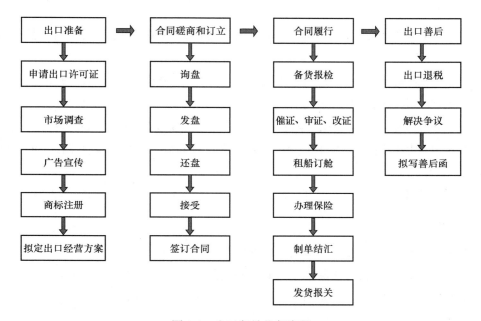

图 1-3　出口贸易业务流程

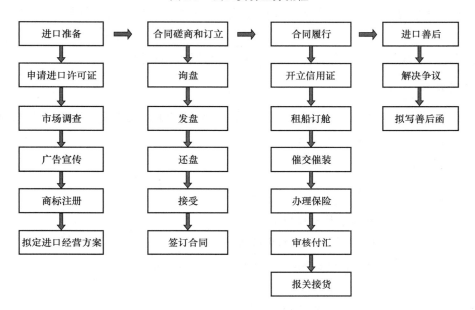

图 1-4　进口贸易业务流程

> **实践活动**
>
> 一笔完整的国际贸易业务主要涉及哪些行业和部门？

## 同步测试

### 一、单选题

1. 某年 A 国出口总额为 200 亿元，进口总额为 250 亿元，则其对外贸易总额为（    ）。

    A．200 亿元　　　　B．450 亿元　　　　C．250 亿元　　　　D．380 亿元

2. 一国在一定时期内出口额大于进口额，则形成（    ）。

    A．净出口　　　　B．净进口　　　　C．贸易顺差　　　　D．贸易逆差

3. 某年世界出口贸易额为 1.6 万亿美元，进口贸易额为 1.7 万亿美元，该年国际贸易总额为（    ）。

    A．1.6 万亿美元　　　B．1.7 万亿美元　　　C．3.3 万亿美元　　　D．4.3 万亿美元

### 二、判断题

1. 对外贸易仅指世界各国之间货物的交换活动。（    ）
2. 一国的贸易顺差表明该国处于有利的贸易地位。因此，贸易顺差越多越好。（    ）
3. 世界所有国家的进口总额和出口总额之和即为国际贸易额。（    ）
4. 世界出口总额总是小于世界进口总额。（    ）
5. 国际贸易地理方向可以反映出各个国家、地区、各洲在国际贸易中所占的比重和地位。（    ）
6. 国际贸易惯例具有一定的法律约束力，而且具有强制性。（    ）

### 三、简答题

某国的国民生产总值为 4 万亿美元，商品进口值为 7000 亿美元，出口值为 5000 亿美元，则该国的对外贸易依存度为多少？

## 实训任务

如果你是出口商，请描述以下出口业务的流程。

出口商：Jinhua Huasheng Fashion Co., Ltd.

进口商：西班牙 BRUEBECK TRADING Co., Ltd.

品名：全棉女式衬衫（Ladies Shirt，Fabric: 100% cotton）

数量：9600-PCS

单价：USD-6.80/PC CIF BARCELONA

付款方式：信用证支付

请在下框中画出该笔业务的出口流程图。

## 实训评价

表 1-2　出口贸易业务流程实训评价表

| 学生基本信息 | | | |
|---|---|---|---|
| 姓名 | | 组别 | |
| | | 实训指导教师 | |
| 自我评价 | | | |
| 序号 | 考核内容 | | 评价 |
| 1 | 能结合案情描述出口贸易业务流程 | | 是□　否□ |
| 教师评价 | | | |
| 序号 | 考核内容 | | 评价 |
| 1 | 能结合案情描述出口贸易业务流程 | | 是□　否□ |

# 任务二　认知外贸岗位

## 任务导航

张刚面试后不久,收到了华升公司的录用通知。热心的学长张刚把自己已被华升公司录用的好消息告诉了李敏,并向李敏详细介绍了外贸岗位,以及各个岗位需要掌握的技能和具备的素质。

## 知识充电站

### 一、外贸岗位

外贸专业的毕业生可以在外贸公司、生产型企业、货代公司、船公司、报关行等单位工作,具体岗位有跟单员、单证员、报关员、报检员、货代员、跨境电商从业人员、外贸业务员等,如图 1-5 所示。

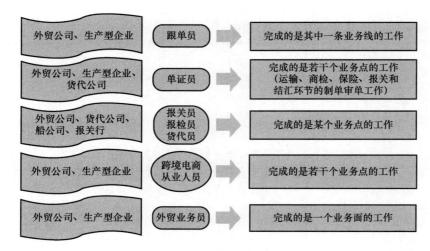

图1-5 外贸岗位

**（一）跟单员**

跟单员的主要工作是在企业业务流程运作过程中，以客户订单为依据，跟踪产品（服务）运作流向并督促订单落实的专业人员，是各企业开展各项业务，特别是外贸业务的基础性人才之一。一名合格的跟单员需要掌握外销、物流管理、生产管理、单证与报关等综合知识。

**（二）单证员**

单证员处理的是国际商品买卖过程中的单证制作、验审等工作（解决单证从无到有的过程）。他们的工作范围包括收证、审证、制单、审单、交单、归档等一系列业务活动。

**（三）报关员**

报关员的主要工作就是根据国家的法律法规、海关的办事程序判断某些货物需要何种手续并准备相关文件，按要求制作报关单等并向海关申报，还要配合海关查验，缴纳相关税费等。他们工作的主要目的是让货物顺利出口。

**（四）报检员**

报检员是负责本企业的进出口货物或者接受委托人的委托向海关（检验检疫机构）申请办理商品检验、动植物检验、卫生检验等报检手续的人员。

**（五）货代员**

货代员的主要工作包括货物的进出口，货物的监装、监卸以及拼箱拆箱和海外运输等。

## （六）跨境电商从业人员

跨境电商从业人员的主要工作是跨境电商平台店铺产品上传、优化、后续服务跟踪和产品质量投诉沟通等日常管理、销售推广、数据分析等。

## （七）外贸业务员

外贸业务员是指在进出口业务中，从事寻找客户、贸易磋商、签订合同、组织履约、退税、处理争议等进出口业务全过程操作和管理的综合性外贸从业人员。

从一笔出口业务来看，各岗位从业人员需要完成的工作如图1-6所示。

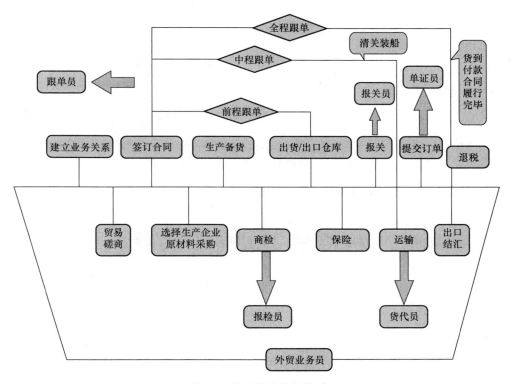

图1-6　各外贸岗位的关系

实践活动

为顺利完成一笔业务，各外贸岗位之间是否需要团结协作？

## 二、外贸从业人员基本素质

### （一）外贸从业人员的职业素养

1．爱国精神

外贸从业人员要有爱国之心，在从事外贸活动中要维护祖国的尊严。

2. 守法精神

每个外贸从业人员都要遵纪守法,遵循各国的国际贸易法律法规,依法办事。

3. 忠诚品质

外贸从业人员要忠诚于企业,要从企业的利益出发,维护企业的最大利益,进而实现个人的利益追求。

4. 团队精神

外贸从业人员要具有团队合作精神,要以大局为重,与同事精诚合作。

5. 诚信品质

外贸从业人员对待客户要诚实守信。

6. 敬业精神

外贸从业人员必须具备敬业精神,吃苦耐劳,热爱本职工作。

7. 责任意识

外贸从业人员要一丝不苟,严谨细致,做好每一个环节的工作。

8. 开拓精神

外贸从业人员要具有开拓精神,要积极进取,不断开拓市场。

## (二)外贸从业人员的职业能力

1. 市场营销能力

能够寻找市场机会,培育开发客户群,能利用各种途径宣传企业,扩大企业知名度。

2. 商务谈判能力

掌握一定的谈判实务技能,具有较好的随机应变能力。

3. 函电处理能力

具有较好的函电处理能力,能处理简单的商务函电。

4. 信息处理能力

能熟练运用信息技术处理外贸业务。

5. 人际沟通能力

具备较好的沟通能力,与外商客户保持一种友好的可持续的业务关系。

6. 持续学习能力

要不断地学习、充电,熟悉国际贸易法规,补充相关的外贸知识。

## (三)外贸从业人员的知识要求

1. 政策水平

外贸从业人员需要了解我国对外经济贸易方面的方针政策,了解国家关于对外经济贸易方面的具体政策措施。

2．商品知识

外贸从业人员必须了解进出口产品的生产流程，对产品品质能够准确作出判断，对产品的主要材料有一定的了解，能够草拟一份专业的报价单，熟悉工厂运营方式的组织机构构成。

3．企业知识

外贸从业人员必须了解企业的地位、战略、战术，定价、策略、交货、付款方式等；了解企业是否具有增加生产能力及应变的能力、控制质量的能力及维持信誉的能力；了解企业是否具备提供始终如一的质量和定时服务的能力以及是否具有新品设计能力等。

4．外贸知识

外贸从业人员必须熟悉国际贸易术语、国际汇兑方面的知识、保险知识、运输知识、报价知识；熟悉货运、报关、检验等手续。

5．法律知识

外贸从业人员必须了解《中华人民共和国民法典》中关于合同的条款，以及知识产权法等；了解有关国际贸易、国际运输等方面的法律、惯例，以及有关国家的外汇法和税法等方面的知识。

6．外语知识

外贸从业人员要具备一定的英语口语与写作能力，能处理外文函电并用英语洽谈交易。

> **实践活动**
>
> 假设现在你是华升公司的员工，请对照外贸从业人员基本素质的要求，用思维导图画出自己从事外贸工作的优势和劣势。

## 三、外贸从业人员职业发展规划

外贸从业人员职业发展规划如图 1-7 所示。

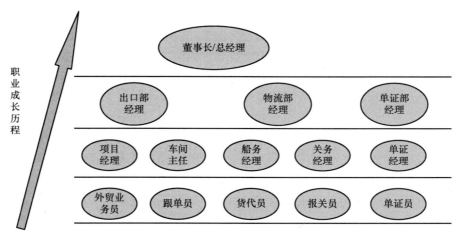

图 1-7 外贸从业人员职业发展规划

## 同步测试

**一、多选题**

1. 外贸从业人员的职业能力要求有（　　）。

   A．函电处理能力　　B．信息处理能力　　C．人际沟通能力　　D．持续学习能力

2. 外贸从业人员的知识要求有（　　）。

   A．商品知识　　　　B．外语知识　　　　C．外贸知识　　　　D．法律知识

**二、简答题**

国际商务专业毕业的学生未来可以从事哪些与外贸相关的工作？

## 实训任务

通过参观校企合作企业华升公司，了解到华升公司外贸相关工作人员的岗位在企业中的分布如图 1-8 所示。

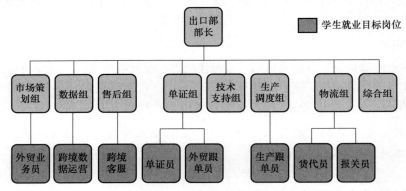

图 1-8　外贸岗位在企业中的分布

请撰写华升公司外贸岗位基本素质要求调研报告，并派小组代表发言。

具体要求：明确的小组分工计划；调研报告不得少于 500 字；3min 的小组报告 PPT 展示。

## 实训评价

表 1-3 外贸岗位基本素质要求调研报告实训评价表

| 学生基本信息 | | | |
|---|---|---|---|
| 姓名 | | 组别 | |
| | | 实训指导教师 | |
| 自我评价 | | | |
| 序号 | 考核内容 | | 评价 |
| 1 | 能撰写外贸岗位基本素质要求调研报告 | | 是□ 否□ |
| 教师评价 | | | |
| 序号 | 考核内容 | | 评价 |
| 1 | 能撰写外贸岗位基本素质要求调研报告 | | 是□ 否□ |

模块二

# 初涉外贸业务

## 学习目标

### 知识目标

1. 了解客户开发技巧。
2. 了解交易磋商的形式和内容。
3. 掌握交易磋商的程序。
4. 了解书面合同的形式。
5. 掌握书面合同的内容。
6. 掌握书面合同成立的时间。

### 能力目标

1. 能够选择适合的途径开发客户。
2. 能够描述发盘的构成条件。
3. 能够区分发盘的撤回和撤销。
4. 能够描述接受的构成条件。
5. 能够针对具体业务情景，分析逾期接受。
6. 能够辨析合同中的约首、本文和约尾。

### 素养目标

提高外贸从业人员的重合同守信用意识和法律意识。

请参照图 2-1 所示思维导图和表 2-1 中的学习任务开展实践活动。

模块二  初涉外贸业务

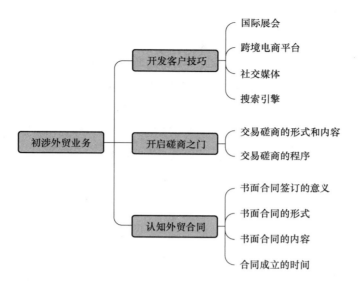

图 2-1　初涉外贸业务思维导图

表 2-1　初涉外贸业务学习任务

| 序号 | 学习任务 | 学习任务简介 | 学习要点 | 实践活动 |
|---|---|---|---|---|
| 1 | 开发客户技巧 | 根据外贸企业工作要求，学习开发客户的各种技巧，包括国际展会、跨境电商平台、社交媒体以及搜索引擎等 | 1. 借助国际展会开发客户的技巧<br>2. 运用跨境电商平台开发客户的技巧<br>3. 利用社交媒体开发客户的技巧<br>4. 利用搜索引擎开发客户的技巧 | 能根据公司以及产品性质，综合运用各种技巧开发客户，拓展业务渠道 |
| 2 | 开启磋商之门 | 根据外贸企业工作要求，学习交易磋商的形式和内容，掌握交易磋商的程序 | 1. 交易磋商的形式<br>2. 交易磋商的程序<br>3. 发盘的构成条件、发盘的撤回和撤销<br>4. 接受的构成条件、逾期接受 | 能结合实际案例分析国外客户的询盘信函；能运用交易磋商各环节知识，分析进出口合同是否成立这类实际问题 |
| 3 | 认知外贸合同 | 根据外贸企业工作要求，了解外贸合同签订的基础知识，掌握书面合同的形式和内容 | 1. 书面合同在进出口业务中的意义<br>2. 合同的约首、本文和约尾 | 以校企合作企业的真实合同为载体，辨析合同的约首、本文和约尾 |

## 任务一　开发客户技巧

> **任务导航**

张刚经过层层选拔，通过了面试，入职华升公司，在外贸部担任实习生。开发客户是做好外贸工作的第一步，上岗初始，张刚就犯愁了，不知如何下手。开发客户是一门技术活，并不是每个业务员都知道如何开发客户，寻找客户资源，其中有很多技巧，能够灵活地运用多种方法，才算是一名合格的业务员。

扫码看视频

> 知识充电站

开发客户的方法有很多种,一个专业的外贸业务员应懂得用多种渠道、多种技巧开发客户。外贸业务员开发客户的渠道有以下几种,如图 2-2 所示。

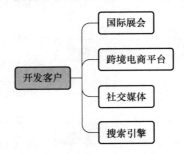

图 2-2　开发客户的渠道

## 一、国际展会

外贸业务员可以利用各个国际展会信息来获取客户的资料。在展会上不仅可以展示公司当年新款产品,也可以与客户面对面接触,了解客户需求,即使无法当场签单,也可以给客户留下一定的印象,获取客户的联系方式,作为潜在客户,便于后续跟进。

### (一)广交会

中国进出口商品交易会(China Import and Export Fair)(见图 2-3),简称广交会,每年春秋两季在广州举办,由商务部和广东省人民政府联合主办,中国对外贸易中心承办,是中国历史最长、层次最高、规模最大、商品种类最全的综合性国际贸易盛会。

图 2-3　中国进出口商品交易会

### (二)华交会

中国华东进出口商品交易会(East China Fair)(见图 2-4),简称华交会,是由商务部支持,上海、江苏、浙江、安徽、福建、江西、山东、南京、宁波 9 省市联合主办,每年 3 月在上海举行,是中国规模最大、客商最多、辐射面最广、成交额最高的区域性国际经贸盛会,设服装服饰展、纺织面料展、家庭用品展、装饰礼品展等。

图 2-4　中国华东进出口商品交易会

### (三)义博会

中国义乌国际小商品(标准)博览会[China Yiwu International Commodities (Standards) Fair](见图 2-5),简称义博会,是经国务院批准的日用消费品类国际性展会,由商务部、浙江省人民政府等联合主办,每年 10 月在浙江义乌举行,是国内首个植入标准元素的国际展览会。义博会以"面向世界、服务全国"为办展宗旨,是国内最具规模、最具影响、最有成效的日用消费品展会。

图 2-5 义博会

 实践活动

1. 广交会每年举办( )次,在( )举行。
2. 华交会每年举办( )次,在( )举行。
3. 义博会每年举办( )次,在( )举行。

## 二、跨境电商平台

跨境电商平台是拓展客户的重要渠道,是扩大商品市场占有率的重要策略。按照商业模式的不同,平台可分为 B2B 和 B2C 两种模式。各大平台都有自己的特点和优势,要结合自身特点选择适合自己的跨境电商平台。

### (一)阿里巴巴国际站

阿里巴巴国际站(见图 2-6)是出口企业拓展国际贸易的重要平台之一,是全球最大的 B2B 跨境电商平台,已覆盖全球 200 多个国家和地区。它不仅提供一站式的店铺装修、产品展示、营销推广、生意洽谈及店铺管理等全系列服务和工具,还能为卖家提供较新的行业发展和交易数据信息,也能提供数字化交易、营销、金融服务以及供应链服务等一系列数字化外贸解决方案,帮助卖家拓展更多的商机。

图 2-6 阿里巴巴国际站

## （二）敦煌网

敦煌网（见图 2-7）是一个专注于小额 B2B 领域的跨境电商平台，侧重于帮助我国中小微企业开展小批量的 B2B 跨境交易，为跨境电商产业链上的中小微企业提供店铺运营、流量营销、仓储物流、支付金融、客服风控、关检汇税、业务培训等环节全链路赋能，打造了集相关服务于一体的全平台、线上化外贸闭环模式，同时帮助境外中小零售商获得质优价廉的货源，实现对供应端和采购端的双向赋能。

图 2-7　敦煌网

## （三）中国制造网

中国制造网（Made-in-China）（见图 2-8），汇集国内中小企业产品，且只针对中国产品，帮助国内中小企业应用互联网开展国际营销，将产品介绍给全球采购商，同时为采购商提供信息发布与搜索等电子商务服务。中国制造网在国内外多场展会上投放广告，在全球推广，不断覆盖更多买家，且询盘针对性较强，坚持一对一询盘机制。

图 2-8　中国制造网

## （四）全球速卖通

全球速卖通（AliExpress）（见图 2-9）于 2010 年正式上线，是阿里巴巴旗下面向全球市场打造的融订单、支付、物流于一体的在线零售交易平台，实现小批量、多批次快速销售，被广大卖家称为"国际版淘宝"。依托阿里巴巴庞大的会员基础，全球速卖通已成为目前商品品类较丰富的电子商务平台，市场侧重点在新兴市场，尤其是俄罗斯和巴西。

图 2-9　全球速卖通

## （五）亚马逊

亚马逊（Amazon）（见图 2-10）成立于 1994 年，是美国最大的，也是最早开始经营电子商务的公司，是全球商品品种较多的网上零售商和互联网企业，也是全球著名的 B2C 电子商务平台之一。亚马逊平台坚持"客户至上"的理念，非常重视保护消费者权益，同时亚马逊也有完善的物流体系，为卖家提供包括仓储、拣货、包装、终端配送、客户服务与退货处理等在内的一站式物流服务。

图 2-10　亚马逊

## （六）eBay

eBay（见图 2-11）成立于 1995 年，是一个可以让全球民众在网上买卖物品的线上拍卖及购物网站。eBay 不同于其他跨境平台，为卖家提供了拍卖、一口价和"拍卖+一口价"三种刊登物品的方式，卖家可以根据自己的需要和实际情况选择刊登方式。而且它还是一个成熟的二手商品交易平台，卖家销售的商品只要不违反法律和 eBay 平台政策规定，均可在平台上刊登销售。

图 2-11　eBay

## （七）Wish

Wish（见图 2-12）是一款专注移动端的跨境电商平台，以"Shopping Made Fun"为品牌口号。平台通过优化算法大规模获取数据，分析消费者行为和偏好，为买家推送符合其兴趣和偏好的商品，让买家在移动端便捷购物的同时享受购物的乐趣。基于移动端的特性，平台更加看重商品图片的展示，对商品图片质量的要求较高，以瀑布流的形式展示商品。

图 2-12　Wish

实践活动

eBay 平台为卖家提供了（　　）刊登物品的方式。
A．拍卖方式　　　　　B．一口价方式　　　　　C．拍卖+一口价

## 三、社交媒体

随着社交平台的快速发展，很多社交平台也从最初的社交属性迈向电商营销。开发客户只停留在跨境电商平台上是远远不够的，还要从社交平台开展营销推广。

## （一）Facebook

Facebook（见图 2-13）作为目前全球最大的网络社交通信平台之一，已成为跨境电商最主要的获客方式，而且卖家使用 Facebook 营销能够让自己的商品或服务更容易被买家搜索到，相当于为网店创建一个交流社区，可以更直接地推广自己的商品。Facebook 具有互动性，可与粉丝建立紧密的关系，加强双方的交流沟通，有利于营销推广。

图 2-13　Facebook

## （二）Instagram

Instagram（见图 2-14）又称照片墙，是一款在移动端上运行的社交软件，用户可以以一种快速、美妙和有趣的方式将随时抓拍的图片进行分享，现今已成为在线营销的宝地。Instagram 主打强项就是图片，卖家在设计图片时，不仅要精美，而且最好选择能展示商品使用场景的图片，更能吸引潜在的关注者，继而开发成客户。

图 2-14　Instagram

## （三）Twitter

Twitter（见图 2-15）是全球访问量较大的网站之一，它不仅有社交娱乐功能，对于跨境电商卖家而言，更是一个可以为店铺引流的绝佳渠道之一，甚至还可以帮助店家获取销售线索，并与成交客户或者潜在客户建立联系。虽然每条推文的字符数有限制，但只要利用好图片，更能传递出复杂、抽象的内容，给人留下深刻的印象，营销自家的产品。

图 2-15　Twitter

## （四）LinkedIn

LinkedIn（见图 2-16）中文名为领英，是一个面向职场的社交平台。该网站的目的是让注册用户维护他们在商业交往中认识并信任的联系人，俗称"人脉"。LinkedIn 是提供分享公司信息、行业新闻和市场活动的平台，其用户可以在这个平台上接触到业内人士以及待挖掘的潜在客户，是外贸商务人士使用较多的一款社交网络工具。

图 2-16　LinkedIn

## （五）YouTube

YouTube（见图 2-17）是全球知名的视频网站之一，系统每天要处理上千万个视频片段，为全球成千上万的用户提供高水平的视频上传、分发、展示、浏览和分享服务。YouTube 主打视频，在制作视频时，需要包括产品介绍、产品使用教程、产品亮点表现、客户评价等，通过对产品的一系列介绍，提升用户对产品的印象，从而促成交易。

图 2-17　YouTube

实践活动

1. Instagram 是一款在（　　　）上运行的社交软件，主打强项是（　　　）。
2. YouTube 是全球知名的（　　　）网站之一。

## 四、搜索引擎

搜索引擎营销是指企业利用搜索引擎工具，根据用户使用搜索引擎的方式，利用用户检索信息的机会，配合一系列技术和策略，将更多的企业信息呈现给目标客户，从而获得盈利的一种网络营销方式。搜索引擎营销除了能带来大流量的点击率、提升销售，还能达成一般互联网广告所能达成的营销目的，如提示品牌认知和在线广告认知、加强信息关联、提升品牌喜好度、达成购买意向等。而且，由于搜索引擎营销的技术优势和科学性，还能通过关键词锁定用户的兴趣和需求倾向，更精准定位目标客户群。

搜索引擎有很多，其中的客户信息比较多，也比较杂。开发业务不能拘泥于一款搜索引擎，Google、Yahoo、MSN 等，都可以成为外贸业务员搜索客户信息的渠道。因为不同的搜索引擎收录的范围是不同的，所以搜索结果也是有区别的，使用多款搜索引擎，可以帮助外贸业务员搜集更多的客户资料，开发更多的客户。同时，每个国家都有各自的主流搜索引擎，面对不同的目标国家，也需要结合使用各个国家的搜索引擎，这对外贸业务员寻找目标客户有很大的帮助。

> 📝 **实践活动**
>
> 判断题：搜索引擎营销是出口商开发客户的一种方式，因此只要做好 Google 这款搜索引擎的营销就可以了。（　　）

## ▶ 同步测试

### 一、单选题

1．中国进出口商品交易会，简称广交会，是由商务部和（　　）联合主办，中国对外贸易中心承办。

  A．浙江省人民政府　　　　　　　　B．广东省人民政府
  C．上海市人民政府　　　　　　　　D．江苏省人民政府

2．阿里巴巴国际站是（　　）模式的跨境电商平台。

  A．B2B　　　　　　B．B2C　　　　　　C．C2C

### 二、判断题

1．全球速卖通是阿里巴巴旗下面向全球市场打造的融订单、支付、物流于一体的在线零售交易平台。（　　）

2．eBay 是一款专注移动端的跨境电商平台，看重商品图片的展示，对商品图片质量的要求较高，以瀑布流的形式展示商品。（　　）

3．LinkedIn 是一个面向职场的社交平台，可以在这个平台上接触到业内人士以及待挖掘的潜在客户。（　　）

## ▶ 实训任务

请根据产品特性，帮助新入职华升公司外贸部的张刚开展客户开发工作。他有几种开发新客户的途径？请在下框中写出具体操作方式。

## 实训评价

表2-2 开发客户实训评价表

| 学生基本信息 | | | |
|---|---|---|---|
| 姓名 | | 组别 | |
| | | 实训指导教师 | |
| 自我评价 | | | |
| 序号 | 考核内容 | | 评价 |
| 1 | 结合产品特性，选择可参加的展会推广产品 | | 是□ 否□ |
| 2 | 结合产品特性，选择适合的跨境电商平台推广产品 | | 是□ 否□ |
| 3 | 结合产品特性，选择适合的社交媒体推广产品 | | 是□ 否□ |
| 4 | 结合产品特性，选择适合的搜索引擎开展营销工作 | | 是□ 否□ |
| 教师评价 | | | |
| 序号 | 考核内容 | | 评价 |
| 1 | 结合产品特性，选择可参加的展会推广产品 | | 是□ 否□ |
| 2 | 结合产品特性，选择适合的跨境电商平台推广产品 | | 是□ 否□ |
| 3 | 结合产品特性，选择适合的社交媒体推广产品 | | 是□ 否□ |
| 4 | 结合产品特性，选择适合的搜索引擎开展营销工作 | | 是□ 否□ |

# 任务二　开启磋商之门

## 任务导航

华升公司新人张刚在老业务员的指导下顺利找到一些目标客户，其中目标客户西班牙的 BRUEBECK TRADING Co., Ltd. 有意从华升公司订购全棉女式衬衫。针对该笔业务，张刚与 BRUEBECK 公司业务部经理 Kerr 需要通过一系列的往来邮件沟通交流。他需要储备哪些交易磋商知识为下一步撰写商务函电做准备？

## 知识充电站

### 一、交易磋商的形式和内容

#### （一）交易磋商的形式

交易磋商有两种形式：一种是口头磋商，另一种是书面磋商。

口头磋商是指在谈判桌上面对面地谈判，如参加交易会（如广交会、义博会）、洽谈、贸易小组出访、邀请客户来华洽谈生意等，通过视频磋商也属于口头磋商。口头磋商也可以根据进展情况及时调整策略，对谈判内容复杂、涉及问题多的交易最为合适。

书面磋商是指双方通过信件（Letter）、电子邮件（E-mail）、传真（Fax）、电报（Cable）以及电传（Telex）等通信方式来洽谈交易。现在传真取代了以往的电报，传真内容可以是照片、图表、书信、文件等，但传真容易褪色，不能长期保存，且容易作假。随着现代通信技术的发展，很多企业开始使用电子邮件磋商交易，但目前电子邮件及电子数据交换等数据文件的法律效力在国际范围还有待进一步明确。因此，通过传真或电子邮件达成交易的，应以信函补寄正本文件或另行签订合同书，以掌握合同成立的可靠证据。

实际操作中，正式的信函主要是通过电子邮件或传真的形式发送。

 **实践活动**

实际操作中，正式的信函以什么形式发送比较多？

### （二）交易磋商的内容

交易磋商的内容包括主要交易条件和一般交易条件。

商品的品质、数量、包装、价格、交货和支付条件等是主要交易条件。这些交易条件，因货物、数量、时间等不同，每笔交易也不尽相同，需要在每笔交易中进行具体磋商。我国出口企业所拟订的一般交易条件通常包括有关主要交易条件的补充说明，如品质机动幅度，数量机动幅度，是否允许分批或转运，保险金额，险别和适用的保险条款，信用证开立的时间和到期日、到期地点的规定，以及货物检验、索赔、仲裁和不可抗力的规定等。

一般交易条件大都印在本企业合同格式的背面或格式正面的下部。一般交易协议对缩短交易洽谈时间、减少费用开支等均有好处，因此在国际贸易中广泛采用。

## 二、交易磋商的程序

在国际货物买卖合同磋商过程中，磋商程序一般包括询盘、发盘、还盘和接受四个环节，其中只有发盘和接受是达成交易所必需的法律步骤。

 **实践活动**

交易磋商程序中必不可少的两个法律环节是（　　　）。
A. 询盘　　　　B. 发盘　　　　C. 还盘　　　　D. 接受

### （一）询盘

询盘（Inquiry）是准备购买或出售商品的一方，向潜在的卖方或买方询问买卖该项商品的有关条件或交易的可能性的一种业务行为。询盘既可由卖方发出，也可由买方发出，询盘对当事人双方都不具有法律上的约束力。

询盘的内容可涉及价格、规格、品质、数量、包装、交货期，以及索取样品、商品目录等，在实际业务中以询问价格最为普遍，因此业务中也常称为询价。询盘中所提出的条件往往是不确定的，或者是附加了保留条件，如价格使用参考价（Reference Price）或价格倾向（Price Indication），或使用"以我方最后确认为准（Subject to our final confirmation）"或"有权先售（Subject to prior sale）"等说法，因此不能构成有效的发盘，只是起到邀请对方发盘的作用。询盘并不是交易磋商的必经步骤，但它往往是交易的起点，对加深交易双方间的彼此了解、促成交易达成具有重要的作用，因此，应对所接到的询盘给予重视，并做出及时的处理。询盘实例如下：

Dear Gang,

Thanks for your E-mail. We are glad to learn that you wish to enter into trade relations with us.

At present, we are in the market for ladies shirt, and shall be glad to receive your best quotations for this item, with indications of packing, for date of shipment, CIF BARCELONA.

Your early reply will be appreciated.

Yours sincerely,

Kerr

实践活动

判断题：1. 询盘是交易必经的步骤。（    ）

2. 询盘可由卖方发出，也可由买方发出。（    ）

（二）发盘

发盘（Offer）是买卖双方的一方（发盘人）向另一方（受盘人）提出购买或出售某种商品的各项主要交易条件，并愿按这些条件与对方达成交易、订立合同的一种肯定的表示。

发盘人可以是卖方，也可以是买方。在交易磋商中诱使对方发盘可使自己处于有利地位。发盘由卖方发出，称为售货发盘（Selling Offer）；发盘由买方发出，称为购货发盘（Buying Offer）或递盘（Bid）。在发盘有效期内，发盘人不得任意撤销或修改其内容，一经对方接受，将受其约束，并承担按照发盘条件与对方订立合同的法律责任。发盘实例如下：

Dear Kerr,

We have received your E-mail of April. 02, 2022, asking us to offer the ladies shirt for shipment to BARCELONA PORT and highly appreciate that you are interested in our products.

Comply with your kindly request, we are pleased to offer our best price as follows:

1. Commodity: LADIES SHIRT

2. Packing: EXPORTER CARTON

3. Specification: 20 PCS PER CARTON, COLOR: BLACK, FABRIC CONTENT: 100% COTTON

4. Quantity: 15000 PCS

5. Price: USD 32/PC CIF BARCELONA

6. Payment: L/C

7. Shipment: in July, 2022

8. Brand: At your option

Our offer remains effective until July 31, 2022.

Yours faithfully,

Gang Zhang

## 1. 发盘的构成条件

根据《联合国国际货物销售合同公约》（以下简称《公约》）的解释，构成一项法律上有效的发盘的必要条件有如下四个：

1）向一个或一个以上特定的人提出。所谓"特定的人"，是指在发盘中指明个人姓名或企业名称的受盘人。受盘人可以是一个，也可以指定多个。不是向指定受盘人提出的发盘仅应视为邀请发盘。此项规定是为了将发盘与普通商业广告、向国外客商寄发商品价目单或宣传资料等行为区别开来。

2）发盘的内容要十分确定。对"十分确定"的理解，按《公约》第十四条规定，一项订约建议中，只要列明货物的名称、数量、价格三项条件，即可被认为其内容"十分确定"，而构成一项有效的发盘。数量和价格可以明示或暗示地规定，还可以只规定确定数量和价格的方法。

3）表明订立合同的意旨。发盘必须表明严肃的订约意旨，即发盘应该表明发盘人在得到接受时，将按照发盘条件承受约束，而与受盘人达成合同。

4）送达到受盘人。发盘于送达受盘人时生效。

## 2. 发盘的有效期

发盘人对发盘的有效期可作明确的规定，也可不作明确的规定。如果没有规定有效期，受盘人应在合理时间内接受。至于合理时间，国际上无统一解释，因此业务中最好明确规定，例如"限15日复到""发盘有效期6天"等。

## 3. 发盘的生效

发盘在送达受盘人时生效，发盘送达之前对发盘人没有约束力。

## 4. 发盘的撤回

发盘的撤回是指发盘人在发盘送达受盘人之前，即在发盘尚未生效时，阻止该项发盘生效。

根据《公约》规定，发盘在未生效之前是可撤回的。《公约》第十五条规定，一项发盘，即使是不可撤销的，得予撤回，如果撤回通知于发盘送达受盘人之前或同时，送达受盘人。

需注意的是，如果发盘是使用电话、电传或电子邮件等电子传递方式，则该项发盘不存在撤回的可能性，因为这些信息随发随到。

## 5. 发盘的撤销

发盘的撤销是指发盘已经生效后，发盘人以一定的方式解除其效力的行为。因此，发盘的撤销不同于发盘的撤回。

对于一项已经生效的发盘能否撤销，各国法律的规定存在较大的差异。《公约》第十六条对此问题做出了折中的规定。根据规定，发盘可以撤销，其条件是：发盘人的撤销通知必须在受盘人发出接受通知之前传达到受盘人。但在下列情况下，发盘不能再撤销：

1）发盘中注明了有效期，或以其他方式表示发盘是不可撤销的。

2）受盘人有理由信赖该发盘是不可撤销的，并且已本着对该发盘的信赖行事。

6. 发盘的失效

发盘的失效有以下五种情况：

1）受盘人做出还盘。

2）发盘人依法撤销发盘。

3）发盘中规定的有效期届满。

4）人力不可抗拒的意外事故。

5）在发盘接受前，当事人丧失行为能力或死亡或法人破产等。

---

**实践活动**

1. 某项发盘于某月 12 日以电报形式送达受盘人，但在此前的 11 日，发盘人以传真告知受盘人，发盘无效，此行为属于（　　　）。

    A. 发盘的撤回　　　B. 发盘的修改　　　C. 一项新发盘　　　D. 发盘的撤销

2. 根据《公约》规定，发盘内容必须十分确定，所谓十分确定，指在发盘时，应包括的要素有（　　　）。

    A. 交货时间和地点　　　　　　　　B. 货物数量或规定数量的方法

    C. 货物的名称　　　　　　　　　　D. 货物的价格或规定确定价格的方法

3. 判断题：根据《公约》规定，构成一项有效发盘，必须明确规定买卖货物的品质、数量、包装、价格、交付和货款的支付等六项主要交易条件，缺一不可。（　　　）

---

## （三）还盘

还盘（Counter Offer）是指受盘人不同意或不完全同意发盘人在发盘中提出的条件，从而提出修改意见供发盘人考虑。还盘既是受盘人对发盘的拒绝，也是受盘人以发盘人的地位所提出的新发盘。一方的发盘经对方还盘后即失去效力，除非得到原发盘人同意，受盘人不得在还盘后反悔，再接受原发盘。还盘实例如下：

Dear Gang,

Thank you for your E-mail of April 20, but we regret your quotation is on the high side.

It is true that your products are of high quality.However, the prices you quoted indeed don't match the market level. The information here shows that goods of the same quality can be obtained from

Spain at prices much lower than yours. Besides, the market is declining. Therefore, it is impossible for us to accept your offer.

If you can reduce the price to USD 30/PC, we may consider the order.

Your early favorable reply will be high appreciated.

Yours sincerely,

Kerr

 实践活动

一项发盘，经过还盘后，则该项发盘（　　）。

A．失效　　　　　　　　　　　　B．仍然有效

C．对原发盘人有约束力　　　　　D．对还盘人有约束力

## （四）接受

接受（Acceptance）在法律上称为承诺，是指受盘人接到对方的发盘后，在其有效时限内，以声明或行为表示同意发盘提出的各项交易条件。《公约》规定，接受既可以采用口头的形式，也可以采用书面声明的形式，还可以通过发货或付款的实际行动来表示，缄默或不行动本身不等于接受。接受实例如下：

Dear Kerr,

We have received your E-mail of April. 22, 2022

After the consideration, we have pleasure in confirming the following offer and accepting it:

1. Commodity: LADIES SHIRT

2. Packing: EXPORTER CARTON

3. Specification: 20 PCS PER CARTON, COLOR: BLACK, FABRIC CONTENT: 100% COTTON

4. Quantity: 15000 PCS

5. Price: USD 30/PC CIF BARCELONA

6. Payment: L/C

7. Shipment: in July, 2022

Please send us a contract and thank you for your cooperation.

Yours sincerely,

Gang Zhang

1．接受的条件

根据《公约》的解释，构成一项法律上有效的接受的必要条件有如下四个：

1）接受必须由受盘人做出。受盘人必须以声明或其他行为向发盘人表示出来，缄默或不行动本身不等于接受。

2）接受必须与发盘内容完全一致。接受必须与发盘相符，只接受发盘中的部分内容，

或对发盘条件提出实质性的更改，或提出有条件的接受，均不能构成接受，而只能视作还盘。所谓实质性更改，根据《公约》第十九条第三款规定，有关货物价格、付款、货物重量和数量、交货时间和地点、一方当事人对另一方当事人的赔偿责任范围或解决争端等的添加或不同条件，均视为在实质上变更发盘的条件。但是，若受盘人在表示接受时，对发盘内容提出某些非实质性（不改变发盘的条件）的添加、限制或更改（如要求增加重量单、装箱单、原产地证明或某些单据的份数，包装的改变等），除发盘人在不过分迟延的期间内以口头或书面通知反对其间的差异外，仍构成接受。

3）接受必须在发盘规定的有效期内送达发盘人。如果发盘规定了有效期，接受的通知要在发盘的有效期内送达发盘人才能生效。如果发盘中未规定有效期，则应在合理时间内将接受通知送达发盘人方为有效。如果一项接受超过了发盘规定的有效期才送达发盘人，即构成逾期接受或称迟到的接受。

4）接受必须以口头或书面形式明确表示出来。

2．接受的生效

接受在什么情况下生效，不同国家的法律有不同的解释。英美法系国家实行的是"投邮生效"原则，即采用信件、电报等通信方式表示接受时，接受的函电一经发出立即生效，不影响合同的成立。大陆法系国家采用的是"到达生效"原则，即接受的函电须在规定时间内送达发盘人，接受方才生效。函电若在途中遗失，合同不能成立。《公约》采纳的是"到达生效"原则，规定接受人表示同意的通知送达发盘人时生效。

3．逾期接受

如果接受通知超过发盘规定的有效期或超过合理时间才传达到发盘人，这就成为一项逾期接受。逾期接受在一般情况下无效，但《公约》规定下列情况下仍然有效：

1）发盘人毫不迟延地用口头或书面将该项逾期接受仍然有效的意见通知受盘人。

2）由于出现传递不正常的情况而造成了延误，这种逾期接受可被认为是有效的，除非发盘人毫不迟延地用口头或书面通知受盘人认为发盘已经失效。这里关键要看发盘人如何表态。

## 实践活动

1．一项接受由于电信部门的延误，发盘人收到此项接受时已超过该发盘的有效期，那么（　　）。

A．除非发盘人及时提出异议，否则该逾期接受有效，合同成立

B．只要发盘人及时表示确认，则该逾期接受有效，合同成立

C．该逾越接受丧失接受效力，合同未成立

D．以上都不对

2. 在接受迟到的情况下，决定接受是否有效的主动权在（　　）。
   A．受盘人　　　B．邀请发盘人　　　C．发盘人　　　D．询盘人
3. 国外某买主向我方出口公司来电"接受你方12日发盘，请降价5%"，此来电属于交易磋商的（　　）环节。
   A．询盘　　　B．发盘　　　C．还盘　　　D．接受
4. "你10日电我方接受，但支付条件为D/P，而非L/C即期。"该电文是（　　）。
   A．有效接受　　　　　　　　B．还盘
   C．对原发盘的拒绝　　　　　D．实质性变更发盘条件

## 同步测试

### 一、不定项选择题

1. 英国某买方向我轻工业出口公司来电"拟购美加净牙膏大号1000盒，请电告最低价格，最快交货期"，此来电属于交易磋商的（　　）环节。
   A．发盘　　　B．询盘　　　C．还盘　　　D．接受
2. 在（　　）情况属于发盘的失效。
   A．发盘有效期满　　　　　　B．还盘
   C．受盘人拒绝　　　　　　　D．发盘人打算撤回
3. 根据我国法律，（　　）不是一项具有法律约束力的合同。
   A．通过欺骗对方签订的合同
   B．采取胁迫手段订立的合同
   C．我方某公司与外商以口头形式订立的合同
   D．走私物品的买卖合同
4. 国外某买主向我出口公司来电"接受你方15日发盘，请降价4%"，此来电属于（　　）环节。
   A．发盘　　　B．询盘　　　C．还盘　　　D．接受
5. 根据《联合国国际货物销售合同公约》的规定，合同成立的时间是（　　）。
   A．接受生效的时间　　　　　B．交易双方签订书面合同的时间
   C．在合同获得国家批准时　　D．当发盘送达受盘人时
6. 某公司于9月10日以信件形式向受盘人发盘，该信件于9月15日送达。但在9月11日，发盘人以传真告知受盘人发盘无效，此行为属于（　　）。
   A．发盘的撤回　　B．发盘的修改　　C．一项新发盘　　D．发盘的撤销
7. 根据《联合国国际货物销售合同公约》规定，受盘人对（　　）等内容提出添加或更改，均作为实质性变更发盘条件。
   A．价格　　　B．付款　　　C．品质　　　D．数量

8．根据《中华人民共和国民法典》的规定，除非另有约定，当事人订立合同的形式可以采用（　　）。

　　A．口头形式　　　　　　　　　　B．书面形式

　　C．其他形式　　　　　　　　　　D．沉默形式

9．向一个或一个以上特定的人提出的订立合同的建议，如果十分确定并表明发盘人在得到接受时承受约束的意旨，即构成（　　）。

　　A．询盘　　　　B．发盘邀请　　　C．接受　　　　D．发盘

10．根据《联合国国际货物销售合同公约》规定，在（　　）情况下发盘失效。

　　A．受盘人做出还盘

　　B．发盘人在发盘规定的有效期内撤销原发盘

　　C．发盘有效期届满

　　D．发盘被接受前，原发盘人破产

## 二、判断题

1．在交易磋商过程中，发盘是由卖方做出的行为，接受是由买方做出的行为。（　　）

2．买方来电表示接受发盘，但要求将 D/P 即期改为 D/P 远期，卖方缄默，此时合同成立。（　　）

3．发盘和广告的区别在于发盘是向特定的人提出的，而广告的对象是广大的受众。因此，发盘只能发送给一个受盘人。（　　）

4．一项有效的发盘，一旦被受盘人无条件地全部接受，合同即告成立。（　　）

5．询盘又称询价，即向交易另一方询问价格。（　　）

6．《联合国国际货物销售合同公约》规定发盘生效的时间为发盘送达受盘人时。

（　　）

## ▶ 实训任务

1．实训任务 1

华升公司张刚收到了 BRUEBECK TRADING Co., Ltd. 经理 John Smith 的关于全棉女式衬衫（ladies shirt, fabric:100% cotton）的询盘函，如下：

BRUEBECK TRADING Co., Ltd.

Paseo de Gracia 82, Barcelona, Spain

E-mail: John Smith@gmail.com

Website: www.bruebeck trade.com

Date: Jan.20, 2022

Jinhua Huasheng Fashion Co., Ltd.

No.1108 Zhongshang Road, Jinhua, Zhejiang Province

E-mail: zg@ Huasheng Fashion Company.com

Website: www.Huasheng Fashion Company.com

Dear Gang,

We are interested in your ladies shirt, fabric: 100% cotton. Would you please quote on CIF basis and give details on colors?

If your price is attractive and quality is acceptable, we may start long and profitable business cooperation.

We are anticipate your prompt reply.

Yours sincerely,

John Smith

请帮张刚整理上述询盘资料，并完成询盘信息表，见表2-3。

表2-3 询盘信息表

| Inquiry Letter | |
| --- | --- |
| The country of inquiry（询盘的国家） | |
| Import company（进口商） | |
| Importer's contact person（进口商联系人） | |
| Position（进口商联系人职位） | |
| Product（出口的商品） | |

2．实训任务2

华升公司于6月1日向英商发盘销售全棉女式衬衫，限6月7日复到。6月2日收到英商发来电传称："接受但价格减5%"，华升公司对此未做答复。由于该商品原材料涨价，6月3日英商又来电表示："无条件接受6月1日发盘，请告合同号码。"在此情况下，我方可如何处理？请在下框中简述理由。

## 实训评价

表2-4 交易磋商实训评价表

| 学生基本信息 | | | |
|---|---|---|---|
| 姓名 | | 组别 | |
| | | 实训指导教师 | |
| 自我评价 | | | |
| 序号 | 考核内容 | 评价 | |
| 1 | 结合任务情景，整理询盘信息表 | 是□ 否□ | |
| 2 | 结合任务情景，完成交易磋商案例分析 | 是□ 否□ | |
| 教师评价 | | | |
| 序号 | 考核内容 | 评价 | |
| 1 | 结合任务情景，整理询盘信息表 | 是□ 否□ | |
| 2 | 结合任务情景，完成交易磋商案例分析 | 是□ 否□ | |

# 任务三　认知外贸合同

## 任务导航

华升公司张刚在老业务员的指导下，前期与西班牙 BRUEBECK 公司业务部经理 Kerr 进行了交易磋商，接下来双方公司欲拟定出口合同。为了使拟定的合同要素完备，张刚查阅了大量资料，熟悉合同内容。

## 知识充电站

扫码看视频

### 一、书面合同签订的意义

在国际贸易中，当买卖双方就交易条件经过磋商达成一致协议后，合同即告成立。合同是具有约束力的法律性文件，任何一方违反合同的规定都将承担法律责任。在实际业务中，按照习惯做法，买卖双方达成协议后，通常还要签订书面合同或成交确认书，进一步明确双方各自的权利和义务。当事人订立合同，可以采用书面形式、口头形式或者其他形式。我国法律规定，国际货物买卖合同必须采用书面形式。

一般说来，书面合同具有以下三个方面的意义：

1）作为合同成立的证据。合同是否成立，必须要有证明。尤其是在通过口头谈判达成交易的情况下，签订一定格式的书面合同就成为不可缺少的程序。书面合同可以证明合同关系的存在，一旦发生争议，可以此为凭证，据理力争。

2）作为合同履行的依据。交易双方通过口头谈判或电信磋商达成交易后，把彼此达成一致的内容订立一定格式的合同，履行合同时可参照执行。

3）作为合同生效的条件。一般来说，接受生效，合同就成立，但在通过信件、电报、电传达成协议的特定环境下，一方当事人要求签订确认书，则签订确认书方为合同成立。此外，如果所签合同必须是经一方或双方政府审核批准的合同，那么这一合同的生效必须是具有一定格式的书面合同。

 **实践活动**

（　　）不是合同的主要形式。

A. 口头形式　　　B. 书面形式　　　C. 电子形式　　　D. 其他形式

## 二、书面合同的形式

国际上，买卖双方既可采用正式合同、确认书、协议，也可采用备忘录等形式。在我国进出口业务中，书面合同主要采用下列几种形式。

### （一）买卖合同

买卖合同包括销售合同和购货合同。这类合同除了具有商品的名称、规格、包装、装运港和目的港、交货期、付款方式、运输标志、商品检验等条件以外，还有异议索赔、仲裁、不可抗力等条件。买卖合同条款完备、内容全面，适合大宗商品或成交额较大的交易。

### （二）简式合同

简式合同包括销售确认书和购货确认书。这类合同的条款比买卖合同简单，适用于金额不大的小土特产品和轻工产品，或者已订有代理、包销等长期协议的交易。

### （三）协议

协议在法律上是"合同"的同义词。如合同冠以"协议"或"协议书"的名称，只要它的内容对买卖双方的权利和义务已作了明确、具体的规定，它就与合同一样对买卖双方有约束力。

### （四）备忘录

备忘录也可作为书面合同的形式之一，但在实际业务中很少采用。

### （五）订单

除了上面常用的合同形式外，订单和委托订购单有时也被采用。订单是指由进口商或实际买主拟制的货物订购单；委托订购单是指由代理商或佣金商拟制的代客购买货物的订购单。实际业务中，国外客户往往将订单或委托订购单寄来一式两份，要求我方签署后退回一份。

## 三、书面合同的内容

书面合同无论采取何种形式，其基本内容通常包括约首、本文和约尾三个组成部分。

### （一）约首

约首是指合同的序言部分，一般包括合同名称、合同编号、缔约双方的名称和地址、联系方式以及签订日期和地点等内容。

### （二）本文

本文是合同的主要部分，具体列明各项交易的条件和条款，一般包括品名、品质、数量或重量、包装、价格、运输、保险、支付方式、检验、不可抗力、履行期限和地点、违约的处理和解决等内容。

### （三）约尾

约尾是合同的尾部，一般包括双方签字、盖章、适用法律、合同份数等内容。

合同的样本如图 2-18 所示。

ABC 进出口公司
ABC IMP AND EXP CORPORATION
销售确认书
SALES CONFIRMATION

买方 BUYER:　　　　　　　　　　　编号 NO.:
　　　　　　　　　　　　　　　　　日期 DATE:
　　　　　　　　　　　　　　　　　地点 SIGNED IN:

买卖双方同意以下条款达成交易：
This contract is made by and agreed between the BUYER and SELLER in accordance with the terms and conditions stipulated below.

| 1. 品名及规格 Commodity& Specification | 2. 数量 Quantity | 3. 单价及价格条款 Unit Price & Trade Terms | 4. 金额 Amount |
|---|---|---|---|
|  |  |  |  |
| Total: |  |  |  |

5. 总值 Total Value
6. 包装 Packing
7. 唛头 Shipping Marks
8. 装运期及运输方式 Time of Shipment & Means of Transportation
9. 装运港及目的地 Port of Loading & Destination
10. 保险 Insurance
11. 付款方式 Terms of Payment
12. 备注 Remarks

　　　　The Buyer　　　　　　　　　　　　　　　The Seller
　　　　(signature)　　　　　　　　　　　　　　(signature)

图 2-18　合同样本

### 四、合同成立的时间

根据《公约》规定，合同成立的时间有两个判断标准：一是有效接受的通知到达发盘人时；二是受盘人做出接受行为时。接受生效的时间实际上就是合同成立的时间。

《中华人民共和国民法典》规定，"承诺生效时合同成立，但是法律另有规定或者当事人另有约定的除外。""当事人采用合同书形式订立合同的，自当事人均签名、盖章或者按指印时合同成立。""当事人采用信件、数据电文等形式订立合同要求签订确认书的，签订确认书时合同成立。"

例如，A 公司于 2020 年 3 月 5 日向 B 公司发出要约，B 公司于 3 月 10 日向 A 公司做出承诺并于当日到达，B 公司于 3 月 20 日在合同上盖章，后 A、B 双方又于 3 月 25 日签订了合同确认书。在这个案例中，A、B 之间的合同成立时间应为 2020 年 3 月 25 日。

此外，根据我国法律和行政法规规定，应由国家批准的合同，在获得批准时方为合同成立。

**实践活动**

案例分析：6 月 5 日我国 A 公司向美国 B 公司寄去订货单一份，要求对方在 6 月 25 日前将接受送达 A 公司。该订货单于 6 月 12 日邮至 B 公司，B 公司 6 月 13 日以航空特快专递发出接受通知，A 公司于 6 月 20 日收到了该接受通知。问按《公约》的规定，A 公司与 B 公司间的合同是否成立？为什么？

### ▶ 同步测试

#### 一、单选题

1. 我国不认可哪种合同形式？（　　）
   A．确认书　　　　B．协议　　　　C．合同　　　　D．电话
2. 进出口合同的构成中不包括（　　）。
   A．约首　　　　B．约尾　　　　C．本文　　　　D．约中
3. （　　）不是合同中本文部分的内容。
   A．品质　　　　B．价格　　　　C．运输　　　　D．双方联系电话

#### 二、简答题

在我国进出口业务中，通常采用的书面合同由哪些部分构成？

### ▶ 实训任务

在学校国际商务教研室主任王老师的带领下，国际商务专业二年级学生参观了校企合作企业金华神力机械公司，从金华神力机械公司外贸业务部经理处获得了第一手企业合同资料，内容如下：

金华神力机械公司

JINHUA SUPERPOWER MACHINERY COMPANY

NO.60 WENYUAN ROAD, JINHUA, CHINA

销售合同

SALES CONFIRMATION

To:

JAMES BROWN INC

304-310 FINCH STREET

LOS ANGELES

UNITED STATES

S/C No.: SPO5E-JB0320

Date: March 20, 2016

The undersigned Sellers and Buyers are agreed to close the following transaction according to the terms and conditions stipulated below:

| （1）货物名称及规格 Name of Commodity and Specification | （2）数量 Quantity | （3）单价 Unit Price | （4）总价 Amount |
|---|---|---|---|
| VALVE SEAT INSERT ART. NO.TR5234 | 3000 PCS | CIF USD 5.00/PC | LOS ANGELES USD 15000.00 |
| Total Amount in Words: SAY U. S. DOLLARS FIFTEEN THOUSAND ONLY. | | | |

Time of Shipment: On or before June 15, 2016

Port of Loading: Shanghai, China

Port of Destination: Los Angeles, USA

Shipping Marks: JAMES/SPO5E-JB0320/LOS ANGELES/NO. 1-60

Packing: 50 pcs per wooden case, total 60 wooden cases.

Insurance: To be effected by the Sellers at 110% of the invoice value covering all risks as per CIC of PICC dated 01/01/2010.

Terms of Payment: By 100 pct S/C value irrevocable and confirmed Letter of Credit available by sight draft with transshipment and partial shipments allowed expiry date on or before June 30, 2016 mentioning relative S/C number remaining valid for negotiation in China until the 15th days after the shipment date. The terms and conditions in the L/C should be strictly in accordance with those in this S/C.The L/C should reach China before April 01, 2016.

Documents Required: Commercial invoice in 3 copies.

     Full set clean on board Bill of Lading made out to order of the Issuing bank, marked freight prepaid and notify applicant.

     Insurance policy or certificate in 2 copies.

Packing list in 3 copies.

Certificate of Origin in 3 copies.

The General Terms and Conditions and Remarks on the back page of this S/C constitute an inseparable part to this S/C and shall be equally binding upon both parties.

| 买 方 | 卖 方 |
|---|---|
| JAMES BROWN INC | JINHUA SUPERPOWER MACHINERY CO. |
| The Buyer | The Seller |
| James Brown | 楼领强 |

请根据上述销售合同结构,在下框中填写合同约首、本文和约尾。

| |
|---|
| 约首部分: |
| 本文部分: |
| 约尾部分: |

> 实训评价

表 2-5  书面合同内容辨析实训评价表

| 学生基本信息 ||||
|---|---|---|---|
| 姓名 | | 组别 | |
| | | 实训指导教师 | |
| 自我评价 ||||
| 序号 | 考核内容 || 评价 |
| 1 | 正确辨析书面合同内容 || 是□   否□ |
| 教师评价 ||||
| 序号 | 考核内容 || 评价 |
| 1 | 正确辨析书面合同内容 || 是□   否□ |

# 模块三

# 约定合同条款

## 学习目标

### 知识目标

1. 了解商品品质条款的内容和订立时应注意的事项。
2. 了解商品数量条款的内容和订立时应注意的事项。
3. 了解商品包装条款的内容和订立时应注意的事项。
4. 了解贸易术语、贸易术语的国际惯例和商品价格条款的内容。
5. 了解装运条款的内容和班轮运输的相关知识点。
6. 了解海上货物运输保险的承保范围和保险的险别。
7. 了解支付工具和支付方式的相关知识点。
8. 了解商检、不可抗力、仲裁、索赔等其他合同条款。

### 能力目标

1. 能够掌握各种表示商品品质的方法,订立商品品质条款。
2. 能够掌握各种数量计量方法,订立商品数量条款。
3. 能够掌握商品包装的表示方法,订立商品包装条款。
4. 能在实践中正确使用贸易术语,订立商品价格条款。
5. 能够掌握班轮运输的特点、班轮运费的计算,订立商品装运条款。
6. 能够掌握保险金额、保险费的计算方法,订立商品保险条款。
7. 能够掌握信用证的含义、特点及种类。
8. 能在实践中正确订立商检、不可抗力、仲裁、索赔条款。

### 素养目标

提高学生的分析能力,培养学生思考问题的积极性和学习的兴趣,帮助学生克服对进出口贸易实务学习抽象性的恐惧感,增强岗位的认知度。

请参照图 3-1 所示思维导图和表 3-1 中的学习任务开展实践活动。

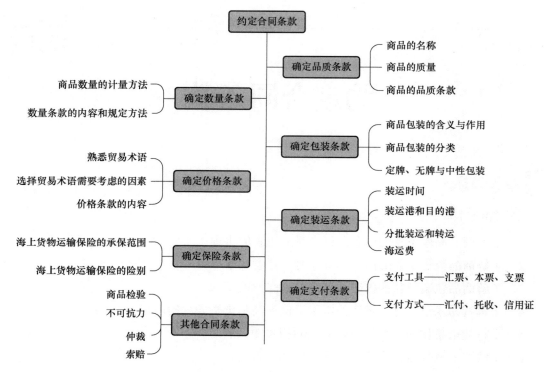

图 3-1 约定合同条款思维导图

表 3-1 约定合同条款学习任务

| 序号 | 学习任务 | 学习任务简介 | 学习要点 | 实践活动 |
| --- | --- | --- | --- | --- |
| 1 | 确定品质条款 | 根据外贸企业工作要求,学习商品品质条款的相关内容,掌握各种表示商品品质的方法以及商品品质条款的规定方法 | 1. 商品名称的定义和命名方法<br>2. 商品质量的含义和表示方法<br>3. 商品品质条款的内容及制定时的注意事项 | 结合实际案例制定合同品质条款 |
| 2 | 确定数量条款 | 根据外贸企业工作要求,学习商品数量条款的相关内容,掌握计量单位和计量方法,掌握数量条款的内容和规定方法 | 1. 商品数量的计量方法<br>2. 数量条款的内容和规定方法 | 结合实际案例制定合同数量条款 |
| 3 | 确定包装条款 | 根据外贸企业工作要求,学习商品包装的意义、包装的种类及各种包装标志,掌握商品包装条款的内容和规定方法 | 1. 商品包装的含义与作用<br>2. 商品包装的分类<br>3. 定牌、无牌与中性包装 | 结合实际案例制定合同包装条款 |
| 4 | 确定价格条款 | 根据外贸企业工作要求,学习商品价格条款的相关内容,掌握贸易术语的内容,并会选择合适的贸易术语 | 1. 熟悉贸易术语<br>2. 选择贸易术语需要考虑的因素<br>3. 价格条款的内容 | 结合实际案例制定合同价格条款 |
| 5 | 确定装运条款 | 根据外贸企业工作要求,学习装运条款的相关内容,掌握班轮运输和装运条款的内容 | 1. 装运时间<br>2. 装运港和目的港<br>3. 分批装运和转运<br>4. 海运费 | 结合实际案例制定合同装运条款 |

（续）

| 序号 | 学习任务 | 学习任务简介 | 学习要点 | 实践活动 |
|---|---|---|---|---|
| 6 | 确定保险条款 | 根据外贸企业工作要求，学习保险条款的相关内容，掌握保险险别以及保险金额、保险费的计算方法 | 1. 海上货物运输保险的承保范围<br>2. 海上货物运输保险的险别 | 结合实际案例制定合同保险条款 |
| 7 | 确定支付条款 | 根据外贸企业工作要求，学习支付工具和支付方式的相关内容，掌握汇票、信用证的相关内容 | 1. 支付工具——汇票、本票、支票<br>2. 支付方式——汇付、托收、信用证 | 结合实际案例制定合同支付条款 |
| 8 | 其他合同条款 | 根据外贸企业工作要求，学习商检、不可抗力、仲裁、索赔条款的相关内容，能在实际运用中正确订立商检、不可抗力、仲裁、索赔条款 | 1. 商检条款<br>2. 不可抗力条款<br>3. 仲裁条款<br>4. 索赔条款 | 结合实际案例制定商检、不可抗力、仲裁、索赔条款 |

## 任务一　确定品质条款

### ▶ 任务导航

华升公司与 BRUEBECK 公司同意对合同条款通过签订销售确认书的形式进一步加以明确，并就其他条款进行商谈。首先，张刚与 BRUEBECK 公司业务部经理 Kerr 需要就品质条款进行商谈。

### ▶ 知识充电站

扫码看视频

## 一、商品的名称

### （一）商品名称（品名）的定义

商品的名称是指能使某种商品区别于其他商品的一种称呼或概念。它在一定程度上体现了商品的自然属性、用途以及主要的性能特征。

让你印象深刻的商品名称有哪些？

### （二）命名商品的常见方法

1）以其主要用途命名，如图 3-2 所示。

图 3-2　旅游鞋

2）以其所使用的主要原材料命名，如图 3-3 所示。

图 3-3　玻璃杯

3）以其主要成分命名，如图 3-4 所示。

图 3-4　珍珠霜

4）以其外观造型命名，如图 3-5 所示。

图 3-5　平底锅

5）以其褒义词命名，如图 3-6 所示。

图 3-6　健力宝

6）以人物名字命名，如图 3-7 所示。

图 3-7　张小泉剪刀

7）以制作工艺命名，如图 3-8 所示。

图 3-8　烟熏腊肉

注意，同一商品的命名方法并不唯一，可以从企业的需求出发采取最恰当的命名方法。

1. 一般商品的"标的物"条款就是指（　　　）条款。
   A．品名　　　　　B．合同　　　　　C．说明　　　　　D．品质
2. 请针对商品命名的不同方法各举一个例子。

## 二、商品的质量（品质）

### （一）商品质量的含义

商品的质量是商品的外观形态和内在质量的综合，即质量=外观形态+内在质量。

外观形态是通过人们的感觉器官可以直接获得的商品的外形特征，如形状、构造、色、香、味、长度、硬度等。

内在质量是指商品的物理性能、化学成分、机械性能等自然属性，一般需借助各种仪器、设备分析测试才能获得。

扫码看视频

实践活动

请描述自己笔记本计算机的品质。

### (二) 商品质量的表示方法

**1. 实物表示**

一些难以用文字说明来表示品质的商品通常采用实物方法来表示。具体有以下几种做法:

(1) 看货买卖 又称为看货成交,即买卖双方通过现有货物的实际品质进行买卖。在国际贸易中,有些特殊商品的交易按照"看货成交"方式进行,如图3-9和图3-10所示。

图3-9 珠宝

图3-10 工艺品

(2) 凭样品买卖

1) 凭卖方样品买卖 (Sale by Seller's Sample)。凭卖方样品买卖是指买卖双方约定以卖方所提供的样品作为交货的品质依据。合同中一般规定"Quality as per seller's sample NO.×××"。如图3-11和图3-12所示为凭卖方样品买卖的商品示例。

扫码看视频

图3-11 服装

图3-12 箱包

在国际贸易中,在采用此方法成交时,应注意:

a. 提供的样品应具有代表性 (Representative Sample)。

b. 留存复样,以便作为日后交货或处理品质争议时的依据。

c. 订立合同时,应规定我方对整批到货有复验权的条款。

2）凭买方样品买卖（Sale by Buyer's Sample）。凭买方样品买卖是指买卖双方约定以买方所提供的样品作为交货的品质依据，也叫来样制作或来样成交。为防止由于买方所提供样品引起的知识产权纠纷问题，在订立品质条款时，卖方应注明由买方样品引起的任何第三者知识产权问题概由买方负责。

3）凭对等样品买卖（Sale by Counter Sample）。对等样品是指卖方根据买方提供的样品复制加工出来的买方确认的样品，作为合同货物的品质依据。这实际上是由凭买方样品买卖变成了凭卖方样品买卖，使卖方处于比较有利的地位。

注意，要考虑自身的生产能力和技术条件；要考虑由来样引起的第三方知识产权问题。

2．文字说明

（1）凭规格买卖　规格是一些用来反映商品品质的主要指标，如成分、含量、纯度等。凭规格买卖的特点是简单易行、明确具体、灵活，在国际贸易中应用较广。如图 3-13 所示为凭规格买卖的示例。

图 3-13　山楂草莓酱果肉含量≥40%

（2）凭等级买卖　商品的等级是指把同一种商品，按其规格的差异，分为品质优劣不同的若干等级，每一等级都有相对固定的规格，如大、中、小，甲、乙、丙。凭等级买卖的特点是可以更好地满足各种不同层次消费者的需要，有利于安排生产。如图 3-14 所示为凭等级买卖的示例。

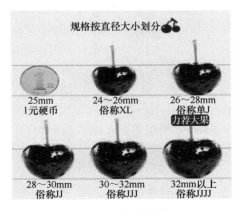

图 3-14　车厘子等级

（3）凭标准买卖　标准是指统一化了的规格和等级及其检验方法。在国际贸易中，除了部分商品能以科学方法确定其品质规格外，还有一些农副产品，由于其品质变化较大，难以采用规定统一的标准，因此，有时采用"良好平均品质"表示商品。

F.A.Q.代表良好平均品质，一般指"中等货"。有两种解释：

1）指农产品每个生产年度的中等货。

2）指每一年度或每一装船月份在装运地发运的同一种商品的"平均品质"。我国出口农副产品中的F.A.Q.一般是指"大路货"，是和"精选货"相对的。

（4）凭商标或牌号买卖　商标是生产者或商号用来识别其所生产或出售的商品的标志。牌号是指工商企业给制造或销售的产品所冠以的名称。凭商标或牌号买卖一般只适用于一些品质稳定的工业制成品或经过科学加工的初级产品，如图3-15所示。

图3-15　矿泉水

（5）凭产地名称（地理标志）买卖　在国际贸易中，有些产品因产区的自然条件、传统加工工艺等因素的影响，在品质方面具有其他产区的产品所不具有的独特风格和特色。对于这类产品，一般也可用产地名称来表示其品质，这种品质表示方法适用于农副土特产品，如图3-16所示。

图3-16　龙口粉丝

（6）凭说明书（和图样）买卖　有些商品，如机械、电器、仪表产品等，由于其结构和性能十分复杂，无法用几个简单的具体指标来反映其品质的全貌，因此，必须凭详细的说明书以及图样来具体说明其构造、用材、性能及使用方法等，必要时甚至还须辅以设计、照片、分析表等解释。这种品质表示方法适用于技术密集型产品，如图 3-17 所示。

```
CPU
处理器：           英特尔 Celeron（赛扬）双核 T3100@1.90GHz
核心：             Penryn（45nm）/核心数：2
插座/插槽：        Socket P（478）
速度：             1.90GHz（200MHz×9.5）/前端总线：800MHz
一级数据缓存：     2×32KB, 8-Way, 64 byte lines
一级代码缓存：     2×32KB, 8-Way, 64 byte lines
二级缓存：         1MB, 4-Way, 64 byte lines
特征：             MMX, SSE, SSE2, SSE3, SSSE3, EM64T
主板
主板：             方正 R410IU
芯片组：           英特尔 4 Series - ICH9M 笔记本芯片组
BIOS：            Phoenix 1.03F/制造日期：10/22/2009
```

图 3-17　计算机说明书

注意，在销售某一商品时，原则上可用文字说明表示质量的，就不再同时用样品表示质量，反之亦然。如果有些商品的确需要既用文字说明表示质量又用样品表示质量，则一旦成交，卖方必须承担交货质量既符合文字说明又符合样品的责任。其中任一种质量要求未达到，都会构成违约。

 实践活动

举例说明适合凭说明书销售的商品。

## 三、商品的品质条款

### （一）品质条款的基本内容

品质条款的内容有简有繁，一般要列明商品的名称、规格或等级、标准、品牌等。但不同的商品应根据商品本身特性及市场特点的不同，选择其表示商品品质的最好方法。

例如：长毛绒玩具熊　尺码　22 英寸[①]

　　　Plush Toy Bear Size 22″

此外，在凭样品买卖时，还应列明样品的编号及寄送日期，并规定交货品质与样品相同。

### （二）订立品质条款时应注意的问题

1. 正确运用各种表示品质的方法

商品品质的表示方法有很多，但采用何种表示品质的方法应根据商品特性而定，不能随

---

[①] 1 英寸=2.54cm。

意滥用，应当合理选择。一般来说，凡能用科学的指标说明其品质的商品，则适于凭规格、等级或标准买卖；凡是难以规格化和标准化的商品，则适于凭样品买卖，如工艺品等；有些名优且品质好的商品，则适于凭商标或牌号买卖；有些性能复杂的商品，则适于凭说明书和图样买卖，如精密仪器、电器和仪表等；有些具有地方特色的商品，则可凭产地名称买卖等。此外，凡能用一种方法表示品质的，就不宜用两种或两种以上的方法来表示。

2．以实事求是的原则订立品质条款

在订立商品品质条款时，要考虑国外市场的实际需要，同时也要考虑到国内生产部门的供货能力。如果商品品质要求订得过高，而实际又做不到，或者商品品质订得偏低或漏订一些主要品质指标，将影响商品的性能和使用，导致不必要的损失。因此，在订立品质条款时，要根据实际的需要与可能，实事求是地确定商品品质，防止品质条款订得过低或过高。

3．正确合理规定商品品质机动幅度条款

（1）品质机动幅度条款　品质机动幅度是指对某些初级产品（如农副产品等），由于卖方所交货物品质难以完全与合同规定的品质相符，为交易的顺利进行，往往在规定的品质指标外，加订一定的允许幅度。品质在灵活范围内，一般均按合同单价计价，不再另作调整。有以下几种订法：

1）规定范围。对某项货物的品质指标规定允许有一定的差异范围，例如，漂布，幅宽58/59英寸，即卖方所交漂布的幅宽只要在这个范围内就是合格的。

2）规定极限。对某些货物的品质规格规定上下限。规定极限的表示方法有最大、最高、最多、最小、最低、最少。例如，东北大豆，水分15%（Max）。卖方交货只要没有超出上述极限，买方就无权拒绝。

3）规定上下差异。规定上下差异是可使货物的品质规格具有必要灵活性的有效方法。例如，羽绒服的含绒量为70%，允许上下浮动2%。

（2）质量公差　质量公差指允许交付货物的特定品质指标在公认的一定范围内的差异。有些工业制成品，由于在生产过程中不能做到很精确，可根据国际惯例或经买卖双方协商同意，对合同中的品质指标订有允许的公差，如手表走时的误差、棉纱支数的确定等。

实践活动

履行一份合同中的品质机动幅度条款时应如何计价？

同步测试

一、单选题

1．对于在造型上有特殊要求的商品，适合的表示品质的方式是（　　）。

　　A．凭等级买卖　　　　　　　　　　B．凭样品买卖

C．凭商标买卖  D．凭说明书买卖

2．凡货、样无法做到完全一致的商品，一般不采用（　　）买卖。

　　A．凭规格　　　　B．凭等级　　　　C．凭标准　　　D．凭样品

3．凡凭样品买卖，如合同无其他规定，则卖方所交货物（　　）。

　　A．可以与样品大致一致　　　　B．允许有合理的公差

　　C．必须与样品一致　　　　　　D．由卖方自己决定

## 二、判断题

1．出口珠宝、字画等具有独特性质的商品，在确定其品质时最好既用样品又用文字说明。（　　）

2．卖方所交货物的品质，只要在质量公差范围内，买方不得拒绝接受，但可以要求调整价格。（　　）

3．凭规格买卖，又提供了参考样品，则卖方所交货的品质既要完全符合规格，又要和样品完全一致。（　　）

## 三、案例分析

国内某单位向英国出口一批大豆，合同规定水分最高为 14%，杂质不超过 2.5%。在成交前我方曾向买方寄过样品，订约后我方又电告买方成交货物与样品相似。当货物运到英国后，买方提出货物与样品不符，并出示相应的检验证书显示货物的质量比样品低 7%，并以此要求我方赔偿 15000 英镑的损失。请问在此情况下我方是否可以依据该项交易并非凭样品买卖而不予理赔？

## ▷ 实训任务

请根据图 3-18 所示样品，帮助华升公司与 BRUEBECK 公司拟定销售确认书中商品的品质条款，并填写在下框中。

图 3-18　商品样品

| 中文： |
|---|
|  |

| 英文： |
|---|
|  |

> 实训评价

表 3-2  拟定品质条款实训评价表

| 学生基本信息 |||| 
|---|---|---|---|
| 姓名 |  | 组别 |  |
|  |  | 实训指导教师 |  |
| 自我评价 ||||
| 序号 | 考核内容 || 评价 |
| 1 | 结合样品图片拟定品质条款 || 是□  否□ |
| 教师评价 ||||
| 序号 | 考核内容 || 评价 |
| 1 | 结合样品图片拟定品质条款 || 是□  否□ |

# 任务二  确定数量条款

> 任务导航

华升公司与 BRUEBECK 公司同意对合同条款通过签订销售确认书的形式进一步加以明确。张刚与 BRUEBECK 公司业务部经理 Kerr 就品质条款进行商谈后，下一步需要确认商品的数量条款。

> 知识充电站

## 一、商品数量的计量方法

### （一）国际贸易中常用的度量衡制度

国际贸易中常用的度量衡制度有四种：

1）公制（The Metric System）。公制采用十进位制，换算方便，使用较多。

扫码看视频

2）美制（The U.S. System）。美制以英制为基础，多数计量单位的名称与英制相同，但含义有差别，主要体现在重量和容量单位中。

3）英制（The British System）。英制不采用十进位制，换算不方便，使用范围逐渐减小。

4）国际单位制（The International System of Units，简称 SI）。国际单位制是在公制的基础上发展起来的，它有利于计量单位的统一和计量制度的标准化。我国法定计量单位采用国际单位制。

计量方法、计量单位及其适用商品见表 3-3。

表 3-3　计量方法、计量单位及其适用商品

| 数量的计量方法 | 计 量 单 位 | 适 用 商 品 |
| --- | --- | --- |
| 按重量计量 | 重量单位：吨、千克、盎司等 | 农产品、矿产品及部分工业制成品，如羊毛、谷物、药品等 |
| 按个数计量 | 个数单位：件、双、打、套等 | 大多数日用消费品、轻工业品、机械产品以及一些土特产品等，如文具、车辆等 |
| 按长度计量 | 长度单位：码、米、英尺等 | 如丝绸、布匹、绳索等 |
| 按面积计量 | 面积单位：平方米、平方码、平方英尺等 | 如地毯、皮革、塑料篷布等 |
| 按体积计量 | 体积单位：立方米、立方码、立方英尺等 | 如天然气、化学气体、木材等 |
| 按容积计量 | 容积单位：公升、加仑、蒲式耳等 | 各类谷物和流体货物，如小麦、汽油等 |

实践活动

我们日常生活中常用的计量单位有哪些？

### （二）商品重量计量方法

（1）毛重（Gross Weight）　商品本身重量加包装的重量称为毛重，毛重=净重+皮重。通常适用于单位价值不高的商品，如图 3-19 所示，习惯上称为"以毛作净"（Gross for Net），以毛重代替净重，即以毛重作为计算总价格和交付货物的计量基础。

图 3-19　麻袋装的大米、蚕豆等

（2）皮重（Tare）　皮重是指包装材料的重量。

（3）净重（Net Weight） 净重在国际贸易买卖中使用最多，是指商品本身的重量，即毛重−皮重=净重。去除皮重的方法如下：

1）按实际皮重：整批商品包装逐一过秤求得包装重量。

2）按平均皮重：抽出若干样品后算出样品的平均皮重，再以平均皮重乘以总件数，得到整批货物的皮重。

3）按习惯皮重：已形成一定标准的规格化包装，用习惯包装的重量作为皮重。

4）按约定皮重：按事先约定计算皮重。

（4）公量（Conditioned Weight） 适用于经济价值较高和水分含量极不稳定的商品，如图 3-20 和图 3-21 所示。公量=商品实际重量−实际所含水分+标准水分。公量是以货物的标准回潮率计算出来的。

 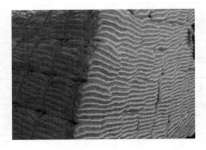

图 3-20　羊毛　　　　　　　　　　图 3-21　生丝

1）回潮率：水分与干量之比。

2）标准回潮率：交易双方约定的货物中的水分与干量之比。

3）实际回潮率：货物中的实际水分与干量之比。

公量=商品干净重 ×（1+标准回潮率）

公量=商品净重 ×（1+标准回潮率）/（1+实际回潮率）

（5）理论重量（Theoretical Weight）理论重量是根据每件商品的重量推出整批商品的总重量，通常用于有固定规格、体积的商品（如马口铁、槽钢）等，如图 3-22 和图 3-23 所示。一般只能作为计重时的参考。

图 3-22　马口铁　　　　　　　　　　图 3-23　槽钢

（6）法定重量（Legal Weight） 法定重量是指商品重量加上直接接触商品的包装材料，

如销售包装等的重量。法定重量=纯商品的重量+内包装重量,海关以此来征收从量税。

> **实践活动**
> 
> 如果货物是按重量计量和计价,而未明确规定采用何种方法计算重量时,应按毛重还是净重计量和计价?

## 二、数量条款的内容和规定方法

### (一)数量条款的内容

数量条款主要由成交数量和计量单位组成。注意,按重量成交的商品,还需订立计算重量的方法,如按毛重、按净重等。例如,东北大豆,500 吨,以毛作净(Northeast soybean, 500t, gross for net),如图 3-24 所示。

图 3-24 东北大豆

### (二)数量的机动幅度条款

溢短装条款就是在规定具体数量的同时,再在合同中规定允许多装或少装的一定百分比。注意,大型的机器设备、仪器及贵重物品不宜使用此条款。订立数量机动幅度条款,即数量增减条款或溢短装条款时,需要注意以下几点:

1)数量机动幅度的大小要适当。
2)机动幅度选择权的规定要合理,一般由交货方即卖方来行使。
3)溢短装数量的计价方法要公平合理。

### (三)《联合国国际货物销售合同公约》数量条款的规定方法

《联合国国际货物销售合同公约》第五十二条第二款规定,卖方必须按合同数量条款的规定如数交付货物。有以下两种情况:

(1)卖方多交 买方应至少收取合同数量部分,而对于多交部分,买方可以收取,也可以拒收其中的全部或一部分,但须按合同价付款。

(2)卖方少交 只少交一小部分而未构成根本违反合同时,买方有权要求对方补交,同时要求得到损害赔偿,但无权宣告合同无效。不交、少交绝大部分或虽少交一小部分但构成根本违反合同时,买方有权宣告合同无效并索赔。

## 实践活动

分组讨论溢短装部分应该如何计价。

## 同步测试

### 一、单选题

1. 商品的毛重是指（　　）。
   A．商品包装的重量　　　　　　　B．商品自重加内包装的重量
   C．商品的自重　　　　　　　　　D．商品自重加内外包装的重量
2. 按重量买卖的商品，若合同中未规定计算重量的方法，习惯上按（　　）计重。
   A．毛重　　　　　　　　　　　　B．净重
   C．公量　　　　　　　　　　　　D．毛重、净重各50%

### 二、判断题

1. 如果卖方交货数量超过买卖合同规定数量，买方有权拒收全部货物。（　　）
2. 合同中有关数量机动幅度的规定就是俗称的溢短装条款。（　　）
3. 在货物买卖合同中规定了数量机动幅度，卖方多装了货物，买方予以接受，买方对多收的货物应该按合同价付款。（　　）

### 三、案例分析

买卖合同的数量条款规定，100吨可以有5%的机动幅度，则根据规定，卖方最多和最少可交多少吨？多交部分如何作价？若双方未规定多交的部分如何作价，当市场价格上涨时，卖方交多少吨最为有利？

## 实训任务

全棉女士衬衫一共9600件，白色和珊瑚红色数量各占一半。请帮助华升公司与BRUEBECK公司拟定销售确认书中的数量条款，并填写在下框中。

| 中文： |
|---|
|  |

| 英文： |
|---|
|  |

## 实训评价

表 3-4 拟定数量条款实训评价表

| 学生基本信息 | | | |
|---|---|---|---|
| 姓名 | | 组别 | |
| | | 实训指导教师 | |
| 自我评价 | | | |
| 序号 | 考核内容 | | 评价 |
| 1 | 结合案情拟定数量条款 | | 是□ 否□ |
| 教师评价 | | | |
| 序号 | 考核内容 | | 评价 |
| 1 | 结合案情拟定数量条款 | | 是□ 否□ |

# 任务三　确定包装条款

## 任务导航

张刚与 BRUEBECK 公司业务部经理 Kerr 就数量条款进行商谈后，下一步需要确认商品的包装条款。

## 知识充电站

### 一、商品包装的含义与作用

#### （一）商品包装的含义

商品的包装也是商品一个重要的组成部分。一个好的包装可以促进销售、保护商品。

根据 GB/T 4122.1—2008《包装术语　第 1 部分：基础》的定义，包装是指为在流通过程中保护产品，方便储运，促进销售，按一定技术方法而采用的容器、材料及辅助物等的总体名称。也指为了达到上述目的而采用容器、材料和辅助物的过程中施加一定方法等的操作活动。这个概念中包含了两层含义：一是指盛装商品的容器，通常称作包装物，如箱、袋、筐、桶、瓶等；二是指包扎商品的过程，如装箱、打包等。

#### （二）商品包装的作用

1）保护商品、美化商品、宣传商品。
2）便于贮藏、运输、销售和使用商品。
3）除少数难以包装或不值得包装的商品外，绝大多数商品都需要采用适当的包装才能从生产领域进入流通领域。

 实践活动

通过实际例子说明商品包装的作用。

## 二、商品包装的分类

### (一) 根据商业经营习惯分类

1) 内销包装。内销包装是为适应在国内销售的商品所采用的包装,具有简单、经济、实用的特点。

2) 出口包装。出口包装是为适应商品在国外的销售,针对商品的国际长途运输所采用的包装,在保护性、装饰性、竞争性、适应性上要求更高。

3) 特殊包装。特殊包装是为工艺品、美术品、文物、精密贵重仪器、军需品等所采用的包装,一般成本较高。

### (二) 根据包装材料分类

以包装材料为分类标志,商品包装可分为纸类、塑料类、玻璃类、金属类、木材类、复合材料类、陶瓷类、纺织品类、其他材料类等包装。

### (三) 根据防护技术方法分类

以包装技法为分类标志,商品包装可分为贴体、透明、托盘、开窗、收缩、提袋、易开、喷雾、蒸煮、真空、充气、防潮、防锈、防霉、防虫、无菌、防震、遮光、礼品、集合包装等。

### (四) 根据包装在流通过程中的作用分类

根据包装在流通过程中所起作用的不同,商品包装可分为销售包装和运输包装两大类。

1. 销售包装 (Selling Packing)

销售包装又称小包装 (Small Packing)、内包装 (Inner Packing) 或直接包装 (Immediate Packing)。它是直接接触商品并随商品进入零售市场和消费者直接见面的包装。这类包装除必须具有保护商品的基本功能外,还对包装的造型结构、装潢画面和文字说明等方面有较高的要求,以起到促销的作用。销售包装的分类如下:

1) 挂式包装。可在商店货架上悬挂展示的包装,其独特的结构如吊钩、吊带、挂孔、网兜等可充分利用货架的空间陈列商品,如图 3-25 所示。

图 3-25 挂式包装

2）堆叠式包装。用于听装的食品罐头、饮料或瓶装、盒装商品，如图3-26所示。

图3-26　堆叠式包装

3）便携式包装。如有提手的纸盒、塑料拎包等，如图3-27所示。

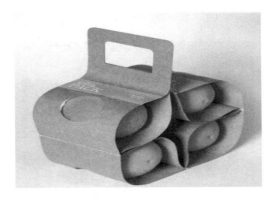

图3-27　便携式包装

4）一次用量包装。即单份包装，包装比较简单，如一次用量的医疗用品、饮料、调味品等包装，如图3-28所示。

图3-28　一次用量包装

5）喷雾包装。如化妆品、空气清新剂等包装，如图3-29所示。

图 3-29 喷雾包装

6）配套包装。有些商品需要搭配成交，在包装上往往采用配套包装，即将不同种类、不同规格的商品搭配成套，装入同一包装物，方便消费者组合使用，如图 3-30 所示。

图 3-30 配套包装

7）礼品包装。一些礼品商品，为体现包装外观的精美及吸引力，显示礼品的贵重，往往采用专用的礼品包装，如糖果、化妆品、工艺品、滋补品等商品的包装，如图 3-31 所示。

图 3-31 礼品包装

8）易开包装。包装容器封口严密，在特定位置标有开启提示，易于打开封口，其特点是使用便利，如易拉罐、易开盒、易开瓶等，如图 3-32 所示。

图 3-32　易开包装

2．运输包装（Transport Package）

运输包装又称外包装（Outer Packing）、大包装（Large Packing），是为保护商品数量、品质和便于运输、储存而进行的外层包装。

（1）运输包装的分类

1）单件运输包装，是指在运输过程中作为一个计件单位的包装。按包装造型的不同，单件运输包装的种类主要有箱、袋（Bag）、包（Bale）、桶（Barrel）等。

2）集合运输包装，又称组化运输包装，是指在单位运输包装的基础上，为适应运输、装卸工作的要求，将若干单件运输包装组合成一件大包装的方式。这对于提高装卸效率、节省费用具有积极的意义。常用的集合运输包装有集装包/袋（Flexible Container）、托盘（Pallet）和集装箱（Container）等，如图 3-33～图 3-35 所示。集装箱已成为最适合当前国际陆海空运输装卸的一种运输包装。采用集装箱装货，既可以是整箱使用集装箱，也可以是部分使用集装箱。前者称为整箱货（FCL），后者称为拼箱货（LCL）。

图 3-33　集装包/袋

图 3-34　托盘

（2）选择运输包装的注意事项

1）包装必须适应不同商品的不同特性。

2）包装必须适应各种不同运输方式的要求。

3）包装必须考虑有关国家的法律规定和客户的特殊要求。

图 3-35 集装箱

4）包装应便于运输和识别。

5）包装应考虑尽量节省包装费用。

（3）运输包装的标志　运输包装的标志是为了方便货物交接，防止错发、错运、错提货物，方便货物的识别、运输、仓储以及方便海关等有关部门依法对货物进行查验等，而在商品的外包装上标明或刷写的标志。按其作用的不同，运输包装标志可分为以下几种：

扫码看视频

1）运输标志（Shipping Mark）。运输标志即"唛头"，是国际货物买卖合同、货运单据中有关货物标志事项的基本内容，目的是使货物运输途中的有关人员辨认货物，方便其快速、顺利和安全地移送货物，并使凭单据查验货物成为可能。运输标志一般由卖方确定并制作。运输标志由四部分内容组成：

a．收货人或买方的名称字首或简称。

b．参照号码，如订单、发票或运单号码。

c．目的地。

d．包装件数。

2）指示性标志（Indicative Mark）。指示性标志是根据商品的特性，对一些容易破碎、残损、变质的商品，在搬运装卸操作和存放保管条件方面所提出的要求和注意事项，用图形或文字表示的标志，如图 3-36 所示。

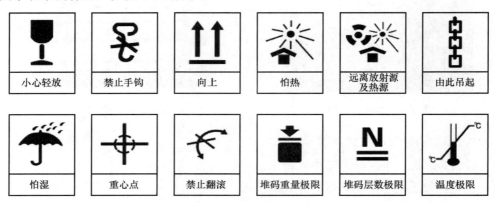

图 3-36 指示性标志

3）警告性标志（Warning Mark）。警告性标志又称危险品标志（Dangerous Cargo Mark），是指在装有爆炸品、易燃物品、腐蚀物品、氧化剂和放射物质等危险货物的运输包装上用图形或文字表示各种危险品的标志，如图 3-37 所示。它的作用是警告有关装卸、运输和保管人员按货物特性采取相应的措施，以保障人身和物资的安全。

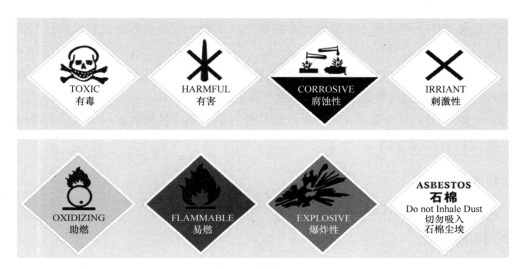

图 3-37　警告性标志

4）重量体积标志。重量体积标志是指在运输包装上标明包装的体积和毛重，以方便储运过程中安排装卸作业和舱位。例如：

GROSS WEIGHT 64 kgs

NET WEIGHT 62 kgs

MEASUREMENT 44cm×30cm×20cm

5）产地标志。商品产地是海关统计和征税的重要依据，一般在商品的内外包装上均注明产地，作为商品说明的一个重要内容。例如，我国出口商品包装上一般需注明"MADE IN CHINA"。

 实践活动

　　运输标志一般应由哪方决定？

## 三、定牌、无牌与中性包装

（一）定牌

定牌是指买方要求在我方出口商品或包装上使用买方指定的商标或牌名的做法（一般注明生产国别）。

## （二）无牌

无牌是指买方要求在我方出口商品或包装上免除任何商标或牌名的做法（一般注明生产国别）。

## （三）中性包装

中性包装是指在商品的内外包装上不注明生产国别、厂商名称的包装。中性包装分为两类：

（1）定牌中性　俗称"白牌"，指买方要求在我方出口商品或包装上使用买方指定的商标或牌名，且在商品的内外包装上不注明生产国别、厂商名称。

（2）无牌中性　买方要求在我方出口商品或包装上免除任何商标或牌名，且在商品的内外包装上不注明生产国别。

 实践活动

定牌与定牌中性的区别是什么？

## 同步测试

### 一、单选题

1. 在买卖合同的包装条款及有关运输的单据中，涉及的运输包装上的标志是（　　）。
   A．警告性标志　　　B．指示性标志　　　C．运输标志　　　D．条形码标志
2. 在国际贸易中，运输标志的式样和文字一般由（　　）。
   A．买方提供　　　　　　　　　　B．卖方提供
   C．运输部门设计并刷制　　　　　D．生产经营单位设计并刷制
3. 运输标志是指（　　）。
   A．商品内包装上的标志　　　　　B．运输包装上的标志
   C．运输工具上的标志　　　　　　D．待运货物的标志

### 二、判断题

1. 皮重是指包装的重量。　　　　　　　　　　　　　　　　　　　　　　（　　）
2. 联合国推荐的标准运输标志中，合同号不作为标志的组成部分。　　　　（　　）
3. 运输包装上的标志就是指运输标志，也就是通常所说的唛头。　　　　　（　　）

### 三、简答题

选择运输包装时应注意的问题有哪些？

## 实训任务

全棉女士衬衫一共 9600 件，其中白色 4800 件，珊瑚红色 4800 件。请帮助华升公司与

BRUEBECK 公司拟定销售确认书中的包装条款，并填写在下框中。

| 中文： |
|---|
| 英文： |

> 实训评价

表 3-5　拟定包装条款实训评价表

| 学生基本信息 ||||
|---|---|---|---|
| 姓名 | | 组别 | |
| | | 实训指导教师 | |
| 自我评价 ||||
| 序号 | 考核内容 || 评价 |
| 1 | 结合案情拟定包装条款 || 是□　否□ |
| 教师评价 ||||
| 序号 | 考核内容 || 评价 |
| 1 | 结合案情拟定包装条款 || 是□　否□ |

# 任务四　确定价格条款

> 任务导航

张刚与 BRUEBECK 公司业务部经理 Kerr 就包装条款进行商谈后，下一步需要确认商品的价格条款。

> 知识充电站

## 一、熟悉贸易术语

### （一）贸易术语的含义和作用

国际贸易术语（Trade Terms of International Trade），又称贸易条件、价格术语。在国际贸易中，买卖双方所承担的义务会影响到商品的价格。在长期的国际贸易实践中，逐渐形成了把某些和价格密切相关的贸易条件与价格直接联系在一起，形成了若干种报价的模式，每一种模式都规定了买卖双方在某些贸易条件中所承担的义务。用来说明这种义务的术语，称之为贸易术语。

贸易术语所表示的贸易条件，主要分两个方面：其一，说明商品的价格构成，是否包括成本以外的主要从属费用，即运费和保险费；其二，确定交货条件，即说明买卖双方在交接货物方面彼此所承担的责任、费用和风险的划分。

贸易术语是国际贸易中表示价格的必不可少的内容。开报价中使用贸易术语，明确了双方在货物交接方面各自应承担的责任、费用和风险，说明了商品的价格构成，从而简化了交易磋商的手续，缩短了成交时间。由于规定贸易术语的国际惯例对买卖双方应该承担的义务作了完整而确切的解释，因而避免了由于对合同条款的理解不一致，在履约中可能产生的某些争议。

（二）有关贸易术语的国际惯例

《国际贸易术语解释通则》（International Rules for the Interpretation of Trade Terms，缩写形式为 INCOTERMS）是国际商会为了统一对各种贸易术语的解释而制定的。最早的《国际贸易术语解释通则》产生于 1936 年。为了适应国际贸易的不断发展和变化，国际商会每十年就会做一次修订，现在最新版是 2020 版本。

2019 年 9 月 10 日，国际商会在法国巴黎正式向全球发布 2020 版本《国际贸易术语解释通则》，该通则于 2020 年 1 月 1 日正式生效。其中增加了术语 DPU，删除了原来的 DAT 术语。一增一减之后仍然保持 11 个术语，并且仍然按照各术语适用的不同运输方式分为两组，分别是适用于水上运输（即海运、内河运输）和适用于任何运输方式。

第一组：适用于水上运输

1. FAS（Free alongside Ship）：船边交货

FAS 是指卖方在指定装运港将货物交到买方指定的船边（例如码头上或驳船上），即完成交货。货交至船边时，货物灭失或损坏的风险发生转移，并且由买方承担自那时起的所有费用。

2. FOB（Free on Board）：船上交货

FOB 是指卖方在指定的装运港将货物装上买方指定的船舶。当货物装上船时，货物灭失或损坏的风险就转移了，从那时起买方承担所有费用。

3. CFR（Cost and Freight）：成本加运费

如卖方除承担 FOB 所必须履行的义务外，还愿意承担到指定目的港的运输费用，应考虑使用 CFR。

4. CIF（Cost, Insurance and Freight）：成本加保险费加运费

如卖方除承担 CFR 所必须履行的义务外，还愿意承担到指定目的港的最低保险费，应考虑使用 CIF。

**第二组：适用于任何运输方式**

5. EXW（Ex Works）：工厂交货

如卖方仅想使其责任限于在其所在地或另一指定地点将货物置于买方处置之下，而不承担任何其他义务，包括不承担出口清关手续时，可考虑使用 EXW。EXW 是卖方承担义务最少、买方承担义务最多的术语。

6. FCA（Free Carrier）：货交承运人

FCA 是指卖方在指定地点将已经出口清关的货物交付给买方指定的承运人，即完成交货。根据商业惯例，当卖方被要求与承运人通过签订合同进行协作时，在买方承担风险和费用的情况下，卖方可以照此办理。如果双方同意卖方按照 FCA 要求将货物交付集装箱码头，买方可以指示承运人在卸货时向卖方签发已装船提单。

7. CPT（Carriage Paid to）：运费付至（指定目的地）

CPT 是指卖方将货物交给其指定的承运人，并且须支付将货物运至指定目的地的运费，买方则承担交货后的一切风险和其他费用。该术语适用于各种运输方式，包括多式联运。

8. CIP（Carriage and Insurance Paid to）：运费与保险费付至（指定目的地）

CIP 是指卖方将货物交给其指定的承运人，支付将货物运至指定目的地的运费，为买方办理货物在运输途中的货运保险，买方则承担交货后的一切风险和其他费用。CIP 术语适用于各种运输方式，包括多式联运。该贸易术语下买方投保要投最高险别，如 CIC 一切险和 ICC（A）险。

9. DPU（Delivered at Place Unloaded）：卸货地交货

DPU 是指卖方在指定目的地或目的港集散站卸货后将货物交给买方处置，即完成交货，卖方承担将货物运至买方指定目的地或目的港集散站的一切风险和费用（除进口费用外）。2020 版《国际贸易术语解释通则》中将 DAT 改为 DPU，DPU 术语的交货地点仍旧是目的地，但这个目的地不再限于运输的终点，而可以是任何地方。

10. DAP（Delivered at Place）：目的地交货（指定目的地）

DAP 是指卖方已经用运输工具把货物运送到达买方指定的目的地后，将装在运输工具上的货物（不用卸载）交由买方处置，即完成交货。卖方承担将货物运至指定地点的所有风险。

11. DDP（Delivered Duty Paid）：完税后交货（指定目的地）

DDP 是指卖方在指定的目的地完成交货，卖方承担将货物运至目的地的一切风险和费用，并有义务进行出口和进口清关，支付进出口任何关税以及办理所有海关手续。

**（三）三种常用的海运贸易术语**

1. FOB 术语

FOB 是 Free on Board（…named port of shipment）的英文缩写，常常译为"船上交货（指定装运港）"，是指卖方必须在合同规定的装运期内在指定的装运港将货物交至买方指定的船上，并负担货物装船之前的一切费用和货物灭失

扫码看视频

或损坏的风险。如图 3-38 所示为 FOB 示意图。该术语只适用于海洋运输和内河运输。

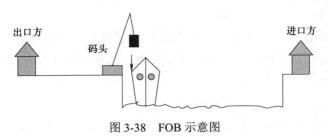

图 3-38　FOB 示意图

（1）选择 FOB 进行贸易时买卖双方的主要义务

1）卖方的主要义务：负责在合同规定的装运期内在指定装运港将符合合同规定的货物按港口惯常方式交至买方指定的船上，并及时通知买方；办理货物出口手续，负担货物在装运港装船之前的一切费用和风险；负责提供商业发票和证明货物已交至船上的通常单据。

2）买方的主要义务：负责按合同规定支付价款；负责租船或订舱，支付运费，并给予卖方关于船名、装船地点和要求交货时间的充分通知；办理货物进口以及必要时经由另一国过境的一切海关手续；负担货物在装运港装船之后的一切费用和风险；收取卖方按合同规定交付的货物，接收与合同相符的单据。

（2）FOB 术语的变形

1）FOB Liner Terms（FOB 班轮条件）：装船费用按照班轮的做法处理，即由船方或买方承担，卖方不负担装船的有关费用。

2）FOB Under Tackle（FOB 吊钩下交货）：卖方负担将货物交到买方指定船只的吊钩所及之处的费用，而吊装入舱以及其他各项费用均由买方负担。

3）FOB Stowed（FOB 理舱费在内）：卖方负责将货物装入船舱并承担包括理舱费在内的装船费用。理舱费是指货物入舱后进行安置和整理的费用。

4）FOB Trimmed（FOB 平舱费在内）：卖方负责将货物装入船舱并承担包括平舱费在内的装船费用。平舱费是指对装入船舱的散装货物进行平整所需的费用。

5）FOB Stowed and Trimmed（FOBST）：这一变形是指卖方承担包括理舱费和平舱费在内的装船费用。

2．CFR 术语

CFR 是 Cost and Freight（…named port of destination）的英文缩写，常常译为"成本加运费（指定目的港）"，是指卖方必须在合同规定的装运期内在装运港将货物交至运往指定目的港的船上，负担货物装船之前的一切费用和货物灭失或损坏的风险，并负责租船订舱，支付至目的港的正常运费。如图 3-39 所示为 CFR 示意图。该术语只适用于海洋运输和内河运输。据此，在 FOB 价与 CFR 价之间存在以下换算关系：

CFR 价=FOB 价+F（运费）

FOB 价=CFR 价-F（运费）

## 模块三 约定合同条款

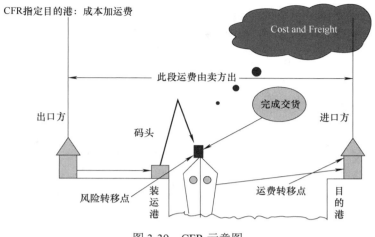

图 3-39 CFR 示意图

选择 CFR 进行贸易时，买卖双方的主要义务如下：

1）卖方的主要义务：在合同规定的时间和港口，将合同要求的货物装上船并支付到目的港的运费，装船后及时通知买方；承担货物在装运港装船之前的一切费用和风险；办理货物出口所需的一切海关手续；提交发票、运输单据或具有相同作用的电子信息。

2）买方的主要义务：接受卖方提供的有关单据，受领货物，并按合同规定支付货款；承担货物在装运港装船之后的一切风险；办理货物进口所需的一切海关手续，支付关税及其他相关费用。

### 3. CIF 术语

CIF 是 Cost, Insurance and Freight（…named port of destination）的英文缩写，常常译为"成本加保险费加运费（指定目的港）"，是指卖方必须在合同规定的装运期内在装运港将货物交至运往指定目的港的船上，并负担货物装船之前的一切费用和风险，负责支付从装运港到目的港的正常运费并负责办理货运保险，支付保险费。如图 3-40 所示为 CIF 示意图。该术语只适用于海洋运输和内河运输。据此，在 CFR 价与 CIF 价之间，以及在 FOB 价与 CIF 价之间，存在以下换算关系：

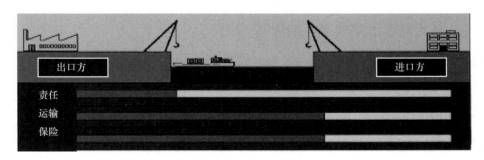

图 3-40 CIF 示意图

CIF 价=CFR 价+I（保险费）

CFR 价=CIF 价–I（保险费）

CIF 价=FOB 价+F（运费）+I（保险费）

FOB 价=CIF 价–F（运费）–I（保修费）

选择 CIF 进行贸易时，买卖双方的主要义务如下：

1）卖方的主要义务：在约定的装运期在指定的装运港将符合合同规定的货物交至运往指定目的港的船上，装船后及时通知买方；办理货物出口所需的一切海关手续；负担货物在装运港装船之前的一切费用和风险；向买方提供商业发票和证明货物已交至船上的交货凭证、运输单据或具有同等作用的电子信息；按照合同规定，自负费用取得货物保险，并向买方提供保险单或其他保险凭证，以使买方或任何其他对货物具有保险利益的人有权直接向保险人索赔。

2）买方的主要义务：按照合同规定支付价款；办理货物进口和在必要时从另一国过境的一切海关手续；负担货物在装运港装船之后的一切费用和风险；收取卖方按合同规定交付的货物，接受按合同规定提交的交货凭证。

CIF 术语是一种典型的象征性交货。象征性交货（Symbolic Delivery）是相对于实际交货（Physical Delivery）而言的。象征性交货是指卖方只要按期在约定地点完成装运，并向买方提交了符合合同规定的有关单据，就算完成了交货义务，而无须保证将实体货物送达买方。实际交货是指卖方要在规定的时间和地点将符合合同规定的货物提交给买方或其指定人，不能以交单代替交货。以 CIF 术语成交，隐含着下列规定：卖方承担着必须按合同约定交付货物和提交正确合格单据的双重义务。卖方只有在约定的时间将合同货物在装运港装到运往目的港的船上，并提交了正确齐全的单据，才算完成交货义务。买方付款的条件是卖方提交的单据合格。卖方提交的单据不合格，买方有权拒收单据、拒收货物、拒付货款并追究卖方的违约责任。

 实践活动

FOB、CFR、CIF 三个术语的共同点有哪些？

## 二、选择贸易术语需要考虑的因素

买卖双方洽商交易时，为了采用适当的贸易术语，需要考虑的因素有很多，其中主要有下列几点：

### （一）运输条件

买卖双方采用何种贸易术语，首先应考虑采用何种运输方式运送。如果是买方，有能力运输，而且经济上又合算时，可争取按 FCA、FOB 条件进口，按 CIP、CIF 或 CFR 条件出口。

## （二）货源情况

国际贸易中货物品种很多，不同类别的货物具有不同的特点，它们在运输、成交量等方面的因素，都是选用贸易术语时应该考虑到的问题。例如，在成交量小又无班轮通航的情况下，负责安排运输的一方势必会增加成本，故选用贸易术语时也应予以考虑。

## （三）运费因素

运费是货价构成因素之一，在选用贸易术语时，应考虑货物经由路线的运费收取情况和运价变动趋势。一般来说，当运费看涨时，为了避免承担运费上涨的风险，可以选取由对方安排运输的贸易术语。

## （四）运输途中的风险

在国际贸易中，交易的商品一般需要进行长途运输，货物在运输过程中可能遇到各种然灾害、意外事故等风险。特别是在遇到战争或正常的国际贸易遭到人为障碍与破坏的时期和地区，运输途中的风险更大。因此，买卖双方洽商交易时，必须根据不同时期、不同地区、不同运输路线和运输方式的风险情况，并结合购销意图来选用适当的贸易术语。

## （五）办理进出口货物的结关手续有无困难

在国际贸易中，关于进出口货物的结关手续，有些国家规定只能由结关所在国的当事人安排或代为办理；有些国家则无此项限制。因此，买方在选用 EXW 或卖方在选用 DDP 条件成交时，应充分考虑某些进出口国政府的规定。

## 三、价格条款的内容

价格条款是指国际贸易合同中表明价格条件的款项，是合同中的重要条款之一。价格条款中一般包括单价和总值。其中单价包括：

1）计量单位。即计算商品数量的单位。不同国家或地区的度量衡制度往往不同，合同中必须订明采用何种计量单位。

2）单位价格金额。

3）计价货币。即计算商品价格使用的货币名称。

4）贸易术语。

总值是指单价同成交商品数量的乘积，即一笔交易的总金额。

在实际业务中，正确订立价格条款应该注意以下几个方面：

1）根据具体的业务情况选用恰当的贸易术语。

2）合理确定商品的价格。

3）选择有利的计价货币。

4）合理运用佣金和折扣。

5）价格条款与品质、数量、包装等其他条款对应一致。

实践活动

单价由哪几部分构成？

> 同步测试

一、单选题

1. 我国企业出口报价中，下列出口单价表述正确的是（    ）。
   A．每箱 100 元 FOB 上海　　　　　　B．每吨 100 英镑 CIF 宁波
   C．每吨 100 英镑 FOB 伦敦　　　　　D．每箱 100 美元 FOB 澳大利亚悉尼

2. 以下我方出口商品单价写法正确的是（    ）。
   A．每打 50 FOB 广州黄埔
   B．每台 5800 日元 FOB 大连，减 2%的折扣
   C．200 美元 CIFC3% 香港
   D．每桶 36 英镑 CFR 英国

3. 在进出口合同中，单价条款不包括的内容是（    ）。
   A．运输费用　　　B．单位价格金额　　　C．计价货币　　　D．贸易术语

二、案例分析

某出口公司按 CIF AVONMOUTH 向英商出售一批核桃仁。由于该商品季节性较强，双方在合同中规定：买方须于 9 月底前将信用证开到，卖方保证运货船只不迟于 12 月 2 日驶抵目的港。如货轮迟于 12 月 2 日抵达目的港，买方有权取消合同。如货款已收，卖方须将货款退还买方。请问这一合同的性质是否属于 CIF 合同？

> 实训任务

出口货物为全棉女士衬衫，一共 9600 件，每件 CIF BARCELONA 6.8 美元，白色 4800 件，珊瑚红色 4800 件，允许商品数量、金额浮动 3%。请帮助华升公司与 BRUEBECK 公司拟定销售确认书中的价格条款，并填写在下框中。

| 中文: |
|---|
|  |
| 英文: |
|  |

> 实训评价

表 3-6　拟定价格条款实训评价表

| 学生基本信息 | | | |
|---|---|---|---|
| 姓名 | | 组别 | |
| | | 实训指导教师 | |
| 自我评价 | | | |
| 序号 | 考核内容 | | 评价 |
| 1 | 结合案情拟定价格条款 | | 是□　否□ |
| 教师评价 | | | |
| 序号 | 考核内容 | | 评价 |
| 1 | 结合案情拟定价格条款 | | 是□　否□ |

# 任务五　确定装运条款

> 任务导航

华升公司外贸部经理李强给实习生张刚布置了一项新的工作任务，需要根据交易商品的特性和实际情况，确定装运条款。张刚经过认真思考，决定从装运时间、装运地点、分批装运及转运的情况几方面来说明并计算运费。张刚对于装运条款的思考是否合理、全面？

> 知识充电站

装运条款也可以称为交货条款，就是在货物买卖及运输时，交易双方在合同中订立的有关货物运输和交付方面的规定。

## 一、装运时间

（一）装运时间的规定方法

1. 规定具体的装运期限

可分为规定一段时间装运和规定最迟期限装运两种。例如，"3 月份装运"（Shipment during March）；又如，"装运期不迟于 6 月 30 日"（Shipment not later than June 30）。这种规定方法明确、具体，使用较为广泛。

扫码看视频

　实践活动

3/4/5 月份装运用英文如何表示？

2．规定收到信用证后一段时间内装运

例如，规定"收到信用证后 30 天内装运"（Shipment within 30 days after receipt of L/C）。为防止买方不按时开证，一般还规定"买方须于装运前开到信用证"。

3．采用术语表示装运期

如立即装运、尽快装运等，但由于各国对这些术语的解释不一，容易引起争议，因此，一般不宜采用。

（二）规定装运时间应注意的问题

1．货源问题

装运期时间规定的远近应和生产、库存情况相适应。如现货或加工需时较短，则装运期可以规定近一些；如加工需时较多，则装运期应规定远一些。

2．运输情况

在卖方负责租船订舱的条件下，对装运期的规定必须考虑运输情况，如航线、航程、是否需要转船等。

3．市场需求

注意市场的销售季节，装运时间如能赶在销售旺季之前，将是卖方争取好价的有利因素之一。

## 二、装运港和目的港

（一）装运港和目的港的规定方法

1）一般情况下，装运港和目的港各规定一个。例如，Port of Shipment：Ningbo；Port of Destination: New York。

2）同时规定两个或两个以上的装运港和目的港。当货源地分散或最终消费市场超出一个时，合同中就可能出现两个或两个以上的装运港和目的港。

3）采用选择港。当明确规定一个或若干个装卸港有困难时，可以选择两种方法：一种是在两三个港口中选择一个，如 CIF 上海港/宁波港/连云港；另一种是笼统规定某一航区，如中国地区。

**实践活动**

华升公司出口一批服装到西班牙，该如何选择装运港？

（二）规定装卸港口的注意事项

1）装卸港不能太笼统。

2）在重名港口下注明所属的国家和地区，如中国香港维多利亚港（Victoria）、美国波特兰港（Portland）。

3）装运港应接近货源地，卸货港应接近最终消费市场。

## 三、分批装运和转运

### （一）分批装运

分批装运（Partial Shipment）是指将同一合同项下的货物分若干批次于不同航次装运。一般情况下，大宗商品交易中，由于运输工具的限制、市场销售的需要或者为了货源的准备，需要分批生产，分批装运。

分批装运时应注意以下事项：

1）如果同一船只、同一航次，即使装运港不同，只要运输单据上注明的目的地相同，也不视为分批装运。

2）一个分批装运合同，若其中一批未按规定期限装运，根据《跟单信用证统一惯例》（UCP600）的规定，信用证从该批开始以及以后各批均告失效。

3）如信用证未明确规定是否允许分批装运，根据《跟单信用证统一惯例》（UCP600）的规定，应视为允许。

### （二）转运

转运（Transshipment）是指货物从装运港或发货地到目的港或目的地的运输过程中，从一运输工具上卸下，再装上同一运输方式的另一运输工具，或在不同运输方式下，从一运输工具上卸下，再装上另一运输方式的运输工具的行为。

由于转运时关系到当事人的利益，就有必要在进出口贸易合同及信用证中规定是否允许转运。若信用证中对能否转运未明确规定，按《跟单信用证统一惯例》（UCP600）的规定，应视为允许。

 实践活动

我国出口 1000 吨大米至巴基斯坦，国外开来的信用证规定不允许分批装运。我方在规定的时间内，分别在烟台、连云港各装 500 吨大米于同一航次的同一船上。请问是否构成违约？为什么？

## 四、海运费

海洋运输是一种主要的运输方式，其运量占国际货物运输总量的 80% 以上。海洋运输具有运量大、运费便宜等优点，但也存在速度慢、航期不准、风险大等缺点。

按照船舶营运方式，海洋运输可以分为班轮运输和租船运输。

## （一）班轮运输

班轮运输（Liner Transport）又称定期船运输，是指船舶按照"四定一负责"的原则营运货物的一种运输方式。

1．班轮运输的特点

1）"四定一负责"。"四定"是指固定航线、固定停靠港口、固定的航行时间表和相对固定的运费率。"一负责"是指承运人负责装货和卸货。

2）班轮运输中一般不规定装卸时间，也不计滞期费和速遣费。

3）班轮提单背面有承运人与托运人的权利和义务条款。

2．班轮运费

班轮运费由基本运费和附加费构成。基本运费是对任何一种商品都要计收的运费。附加费是根据特殊需要而计收的，主要有超重（长）附加费、直航附加费、港口（拥挤）附加费、燃油附加费、货币贬值附加费等。

扫码看视频

班轮运费通常是按照班轮运价表的规定来计收的。目前，国际航运业务中，我国外贸进出口货物按照货物的不同，采用不同的运价表。

（1）班轮运费的计收标准

1）按货物的重量（毛重）计收，称为重量吨，在运价表中用"W"表示。

2）按货物的体积（容积）计收，称为尺码吨，在运价表中用"M"表示。

3）按货物重量或体积从高计收，在重量吨和尺码吨两种标准中从高收费，在运价表中用"W/M"表示。

4）按商品的价格（FOB 总值）计收，即按从价运费收取，在运价表中用"A.V."或"Ad.Val."表示。

5）按货物的重量、体积或价值三者中较高的一种计收运费，在运价表中用"W/M or A.V."表示。

6）按货物个数（件数）计收。

（2）班轮运费的计算方法

1）根据商品的英文名称从货物等级表中查出该商品的等级和计费标准。

2）根据等级和计费标准，在航线费率表中查出商品的基本费率。

3）查询该商品的附加费、计收方法和费率。

4）计算基本运费和附加费。在没有附加费的情况下，总运费=基本运费率×货运量；如有附加费，则总运费=基本运费+附加费。

 实践活动

华升公司出口 800 箱服装到巴塞罗那，每箱毛重 3.5kg，体积 0.065m³。货物由上海港装运。据查计收标准为 W/M，基本运费率为 100 美元/运费吨，直航附加费为 5 美元/运费吨。试计算该批货物的海运费。

## （二）租船运输

租船运输又称不定期租船运输，它与班轮运输不同，无"四定一负责"的特点。采用租船运输时应签订租船运输合同。租船运输一般分为定程租船（Voyage Charter）、定期租船（Time Charter）及光船租船（Bare Boat Charter）三种。

租船运输主要用于大宗货物的运输，因此，大宗货物如粮食、矿产品、工业原料等的进出口通常采用租船运输方式。

### ▶ 同步测试

**一、判断题**

1. 船公司一般按货物的毛重计收运费。（　　）
2. 班轮运输是按"四定一负责"的原则运营运输。（　　）
3. 只能确定一个装运港和目的港。（　　）
4. 在信用证中没有规定是否允许分批装运和转运，应视为不允许。（　　）
5. 装于同一航次的同一船上，运往的目的地相同，可以不视为分批装运。（　　）

**二、计算题**

采用班轮运输出口商品 100 箱，每箱体积为 30cm×40cm×50cm，毛重为 30kg，查运费表知该货为 9 级，计费标准为 W/M，基本运费率为每运费吨 109 美元，另加收燃油附加费 20%，货币贬值附加费 10%。请计算该批货物的总运费。

### ▶ 实训任务

华升公司出口一批服装，装运港为上海港，目的港为巴塞罗那港，允许分批装运和转运。请在下框中填写装运条款。

| 中文： |
|---|
| |
| 英文： |
| |

> 实训评价

表 3-7 拟定装运条款实训评价表

| 学生基本信息 | | | |
|---|---|---|---|
| 姓名 | | 组别 | |
| | | 实训指导教师 | |
| 自我评价 | | | |
| 序号 | 考核内容 | | 评价 |
| 1 | 结合任务情境拟定装运条款 | | 是□ 否□ |
| 教师评价 | | | |
| 序号 | 考核内容 | | 评价 |
| 1 | 结合任务情境拟定装运条款 | | 是□ 否□ |

# 任务六　确定保险条款

> 任务导航

华升公司外贸部实习生张刚在完成了装运条款的订立后，开始着手确定保险条款。他认真思考后，决定从货物承保范围、承保险别和保险金额及保险费的计算几方面入手。

> 知识充电站

国际货物在运输过程中，可能会遇到自然灾害、意外事故等各种风险而遭受损失。货主为了转嫁货物在运输途中的风险，保障货物在发生货损后能获得经济赔偿，通常需要办理货物运输保险。海上货物运输保险是业务量最大、涉及面最广的货物运输保险。

## 一、海上货物运输保险的承保范围

货物在海上运输过程中可能会遇到各种风险，造成货物的各种损失。保险人（保险公司）是按被保险人投保的不同险别规定的风险、损失和费用来承担赔偿责任的。

（一）风险

海上货物运输保险的风险可分为海上风险和外来风险两种。

1．海上风险

海上风险又称海难，一般包括自然灾害和意外事故两种。

1）自然灾害是指不以人们意志为转移的自然界力量所引起的灾害，如恶劣气候、雷电、洪水、流冰、地震、海啸、火山爆发等人力不可抗拒的灾害。

2）意外事故是指由于偶然的、非意料中的原因所造成的事故，但仅指运输工具遭遇的风险，如搁浅、触礁、沉没、倾覆、碰撞、火灾、爆炸、船舶失踪等。

## 2. 外来风险

外来风险是指海上风险以外的其他外来原因所造成的风险。外来风险可分为一般外来风险和特殊外来风险。

1）一般外来风险主要有偷窃、淡水雨淋、受潮受热、碰损、钩损、串味、生锈、玷污、渗漏等。

2）特殊外来风险是指由于军事、政治、国家政策法令和管制等特殊外来原因所造成的风险，如战争、罢工、拒绝交付货物、交货不到、进口国拒收等。

 实践活动

外来风险是否包括类似货物的自然损耗和本质缺陷等必然发生的损失？

## （二）海上损失

海上损失是指货物在海运过程中，由于海上风险所造成的损失或灭失。根据损失的程度，可分为实际全损和推定全损两种；根据损失的性质，可分为共同海损和单独海损两种。

### 1. 全部损失

全部损失简称全损，是指被保险货物遭受全部损失。按其损失情况的不同，全部损失又可以分为实际全损和推定全损。

扫码看视频

1）实际全损是指被保险货物完全灭失或完全变质，或者货物实际上已不可能归还保险人，如船只遭遇海难沉没、货船被海盗劫持、船舶失踪等。

2）推定全损是指货物发生保险事故后，认为实际全损已不可避免，或者为避免发生实际全损所需支付的费用与继续将货物运抵目的地的费用之和超过保险价值。

### 2. 部分损失

部分损失是指货物的损失没有达到全部损失的程度。部分损失包括共同海损和单独海损。

扫码看视频

1）共同海损是指载货的船舶在海上遇到灾害、事故，威胁到船、货等各方的共同安全，为了维护船、货安全，或使航程得以继续完成，由船方有意识地、合理地采取措施，所做出的某些特殊牺牲或支出额外费用，这些损失和费用叫共同海损。构成共同海损应具备以下条件：

① 船方在采取紧急措施时，必须是船、货危险实际存在，而不是主观臆测的。
② 船方采取的措施必须是为了解除船、货的共同危险，有意识地采取合理措施。
③ 所做出的牺牲是特殊的，支出是额外的。
④ 所做出的牺牲和支出的费用必须是有效的。

在共同海损发生后，凡属于共同海损范围内的损失和费用，由受益方（船方、货方、承运方）按照获救价值比例分摊，这种分摊叫作共同海损的分摊。

2）单独海损是指除共同海损之外仅涉及船舶或货物所有人的单方面的利益损失。

3）共同海损和单独海损的区别主要表现在两个方面：

① 造成海损的原因不同。单独海损是承保风险所导致的船、货损失；共同海损则不是承保风险所直接导致的损失，而是为了解除船、货共同危险而有意采取合理措施所造成的损失。

② 承担损失的责任不同。单独海损由受损方自行承担；共同海损是由受益方按照受益大小的比例共同分摊。

> **实践活动**
> 1. 单独海损和共同海损有共同点吗？
> 2. 水泥被海水浸泡成硬块和船舶被海盗劫走都属于实际全损吗？请说说理由。

### （三）费用

如被保险货物遭遇保险责任范围内的灾害或事故，除了使货物本身受到损毁导致损失外，还会产生费用方面的损失，这些费用保险人也应给予赔偿。这些费用主要包括施救费用和救助费用。

#### 1. 施救费用

施救费用是指被保险货物遭遇保险责任范围内的灾害或事故时，由被保险人或者他的代理人、雇佣人员和受让人等抢救保险标的，为防止损失的扩大而采取措施所支出的费用。

#### 2. 救助费用

救助费用是指被保险货物遭遇保险责任范围内的灾害或事故时，由保险人或被保险人以外的第三者采取有效的救助措施，由被救方付给救助人的一种报酬。

## 二、海上货物运输保险的险别

在国际保险市场上，各国保险组织都制定有自己的保险条款。其中具有较大影响力的是英国伦敦保险协会制定的《协会货物条款》（Institute Cargo Clause，ICC）。中国人民保险公司根据我国保险业务的实际情况，参照国际保险业的习惯做法，制定了《中国保险条款》（China Insurance Clause，CIC）。

### （一）中国人民保险公司规定的海运货物保险条款

CIC 中的货物运输险别，按照能否单独投保，可分为基本险和附加险两类。基本险是指可以单独投保的险别，包括平安险、水渍险和一切险三种。附加险是指不能单独投保，只能在投保基础上加保的险别，包括一般附加险和特殊附加险两种。

1. 基本险

（1）平安险（Free from Particular Average，FPA） 平安险的原意是指单独海损不赔。平安险的承保责任范围包括：

1）在运输过程中，由于自然灾害造成被保险货物的实际全损和推定全损。

2）由于运输工具遭遇搁浅、触礁、沉没、互撞、与流冰或其他物体碰撞以及失火、爆炸等意外事故造成被保险货物的全部或部分损失。

3）在运输工具发生搁浅、触礁、沉没、焚毁等意外事故的情况下，不论意外事故发生之前或之后，货物在海上遭遇恶劣气候、雷电、海啸等自然灾害造成的被保险货物的部分损失。

4）在装卸或转运时由于一件或数件整件货物落海造成的全部或部分损失。

5）被保险人对遭受承保责任内危险的货物采取抢救、防止或减少损失的措施而支付的合理费用，但以不超过该批货物的保险金额为限。

6）运输工具遭遇海难后，需要在中途的港口或避难的港口停靠，因而引起的卸货、装货、存仓以及运送货物所产生的特别费用。

7）发生共同海损所引起的牺牲、分摊和救助费用。

8）运输契约订有"船舶互撞责任"条款，应由货方偿还船方的损失。

> 实践活动
>
> 1. 货物在海运途中遭受到了恶劣气候，造成货物的部分损失，请问依据平安险的承保责任范围，该损失保险公司负责赔偿吗？
>
> 2. 货轮在海运途中搁浅，造成货物的部分损失，出口商投保了平安险，请问能获得相应赔偿吗？为什么？

（2）水渍险（With Average/With Particular Average，WA/WPA） 水渍险的原意是负责单独海损。其保险责任是除承保上述平安险的各项损失和费用之外，还负责被保险货物由于恶劣气候、雷电、海啸、地震、洪水等自然灾害所造成的部分损失。

（3）一切险（All Risks） 一切险的责任范围除包括平安险和水渍险的所有责任外，还包括货物在运输过程中，因一般外来原因造成的被保险货物的全部或部分损失。

我国的《海洋运输货物保险条款》除规定上述各种基本险别的责任外，还对保险责任的起讫做了具体规定。保险责任的起讫主要采用"仓至仓条款"（Warehouse to Warehouse Clause，W/W Clause），即保险责任自被保险货物运离保险单所载明的起运地发货人仓库或储存处所时开始生效，包括正常运输过程中的海上、陆上、内河和驳船运输在内，直至该项货物到达保险单所载明的目的地收货人的仓库为止。被保险货物在最后到达卸货港卸离海轮时起算满60天，不论被保险货物是否抵达上述仓库或储存处所，保险责任均告终止。

2. 附加险

海洋运输货物保险的附加险种类繁多，可分为一般附加险和特殊附加险两类。

（1）一般附加险　一般附加险负责赔偿由于一般外来原因引起的风险所造成的各种损失。中国人民保险公司承保的一般附加险有 11 种，包括偷窃提货不着险（TPND）、淡水雨淋险、短量险、混杂玷污险、渗漏险、碰损破碎险、串味险、受潮受热险、钩损险、包装破裂险、锈损险等。

（2）特殊附加险　特殊附加险是承保由于特殊外来原因如政治、军事、国家政策法令等风险造成的损失。特殊附加险主要有交货不到险、进口关税险、舱面险、拒收险、黄曲霉素险、罢工险、战争险等。

战争险的责任起讫不采用"仓至仓条款"，其负责期限仅限于水上危险或运输工具上的危险。保险人的承保责任自货物装上保险单所载明的起运港的海轮或驳船开始，到卸离目的港的海轮或驳船为止。如果货物不卸离海轮或驳船，则从海轮到达目的港当日午夜起算满 15 日为止，等再装上续运海轮时，保险责任才继续有效。

 实践活动

1. 华升公司出口一批服装，投保了一切险和混杂玷污险，请问投保的险别是否合理？
2. 华升公司出口一批服装到科威特，业务员打算单独投保《中国保险条款》的战争险，请问保险公司会接受该投保业务吗？

（二）保险金额及保险费的计算

保险金额是指当保险标的发生承保责任范围内的损失时，保险人所应承担的最高赔偿金，一般按 CIF 总值加 10%的保险加成率计算。如果合同或信用证没有说明，按照惯例，卖家加 10%的保险加成率投保。保险金额的计算公式如下：

保险金额=CIF 总值×（1+保险加成率）

扫码看视频

保险费是指被保险人应缴纳的费用，是根据保险费率表按保险金额计算，其计算公式为：

保险费=保险金额×保险费率

 实践活动

华升公司出口女士 T 恤 9600 件，每件 CIF BARCELONA 20 美元，按发票金额的 110%投保了一切险和战争险。一切险和战争险的保险费率分别为 0.8%和 0.08%。试计算该批货物的保险金额和保险费。

▶ 同步测试

一、多选题

1. 下列属于实际全损的是（　　）。

A．水泥被海水浸泡成硬块　　　　　B．船舶失踪 6 个月
C．船舶被海盗劫持　　　　　　　　D．货物遭遇大火全部焚毁

2．海运货物一切险的承保责任范围为（　　）。
A．自然灾害所致损失　　　　　　　B．意外事故所致损失
C．一般外来风险所致损失　　　　　D．特殊外来风险所致损失

二、判断题

1．造成共同海损损失的救助措施最终必须有效。（　　）
2．单独海损不仅指保险标的本身的损失，而且包括由此而引起的费用损失。（　　）
3．共同海损应由各受益方进行分摊。（　　）
4．海运货物在运输途中由自然灾害所造成的单独海损，平安险负责赔偿。（　　）
5．一切险包括了所有的风险。（　　）

三、案例分析

船只在运输过程中突然发生船底板破裂，大量海水涌进船舱，虽经尽力抽水抢救，但舱内水位仍不断增高。为了使船舶不致沉没，船长紧急驶向近海，有意搁浅。事后船方主张该措施是共同海损措施，请问是否合理？

## 实训任务

出口商：Jinhua Huasheng Fashion Co., Ltd.

进口商：西班牙 BRUEBECK TRADING Co., Ltd.

品名：全棉女式衬衫（Ladies Shirt，Fabric: 100% cotton）

数量：9600 PCS

单价：USD 6.80/PC CIF BARCELONA

保险公司：中国人民保险公司金华市分公司

保险险别：按照发票金额的 110%（110 pct of the invoice value）投保一切险和战争险

如果你是出口商，请在下框中填写保险条款。

中文：

英文：

## 实训评价

表3-8 拟定保险条款实训评价表

| 学生基本信息 | | | |
|---|---|---|---|
| 姓名 | | 组别 | |
| | | 实训指导教师 | |
| 自我评价 | | | |
| 序号 | 考核内容 | | 评价 |
| 1 | 结合任务情境拟定保险条款 | | 是□ 否□ |
| 教师评价 | | | |
| 序号 | 考核内容 | | 评价 |
| 1 | 结合任务情境拟定保险条款 | | 是□ 否□ |

# 任务七　确定支付条款

## 任务导航

华升公司外贸部实习生张刚在确了保险条款后，开始着手订立支付条款，他需要确定该笔交易的支付方式以及所要使用的金融票据。

## 知识充电站

国际贸易中，货款的结算大多采用非现金结算，即采用代替现金作为流通手段和支付手段的信用工具来结算国际货款的债权债务。目前，金融票据是国际上通行的结算和信贷工具，同时也是可以流通转让的债券凭证。进出口贸易中使用的金融票据主要有汇票、本票和支票。

扫码看视频

## 一、支付工具

### （一）汇票

1. 汇票的含义及基本内容

汇票是一个人向另一个人签发的，要求见票时或在将来的固定时间或可以确定的时间，对某人或其指定的人或持票人支付一定金额的无条件的书面支付命令。

汇票是一份要式文件，有其必要记载的项目。虽然各国票据法中规定的汇票要式内容不尽相同，但是大多数都包含了以下基本内容。汇票样式如图3-41所示。

1）载明"汇票"字样。
2）无条件支付命令。
3）确定的金额。
4）付款期限。

5）付款地点。

6）受票人名称。

7）收款人名称。

8）出票日期。

9）出票地点。

10）出票人签字。

```
                        BILL OF EXCHANGE
凭                                          不可撤销信用证
Drawn under                                 Irrevocable      L/C  No.
日期
Date                      支 取 Payable with interest @     %   按     息    付款
号码              汇票金额                   中国苏州
No.              Exchange for               Suzhou China           年   月   日
                 见票                        日 后（本 汇 票 之 副 本 未 付）付 交
                                            sight of this FIRST of Exchange (Second of Exchange
being unpaid) Pay to the order of
金额
the sum of
此致
To:
                                                            (Authorized Signature)
```

图 3-41　汇票样式

2．汇票的当事人

汇票有三个基本当事人：出票人、受票人（付款人）、受款人（收款人）。

（1）出票人　出票人是指签发汇票的人。在进出口业务中通常是指出口商本人或其指定的银行。

（2）受票人或付款人　受票人或付款人是指汇票上载明的债务人。在进出口业务中通常是指进口商或其指定的银行。

（3）受款人或收款人　受款人或收款人是指汇票规定可受领汇票金额的人。在进出口业务中通常是指出口商本人或其指定的银行。汇票的收款人通常被称为汇票的"抬头"，在实际业务中通常有三种做法：

1）限制性抬头。在收款人一栏中标明"仅付给××公司"或"付给××公司，不准转让"，这样汇票不能流通转让，在现实中使用比较少。

2）指示性抬头。在收款人一栏中标明"付给××公司或其指定人"，这种抬头的汇票可以经过背书转让。

3）持票人抬头或来人抬头。在收款人一栏中标明"付给持票人"或"付给来人"，这种抬头的汇票仅凭交付就可转让。

**实践活动**

在实际业务中，汇票的出票人和付款人是否是同一人？

3. 汇票的种类

汇票从不同的角度，主要分为下列几种：

（1）按照出票人的不同划分

1）银行汇票，是指出票人是银行的汇票。

2）商业汇票，是指出票人是工商企业或个人，付款人可以是工商企业或个人，也可以是银行。

（2）按照有无随附商业单据划分

1）光票，是指不附带货运单据的汇票。银行汇票多为光票。

2）跟单汇票，是指随附有货运单据的汇票。商业汇票多为跟单汇票。

（3）按照付款时间的不同划分

1）即期汇票，是指见票即付。

2）远期汇票，是指在一定期限或特定日期付款的汇票。远期汇票的付款日期的记载方法主要有以下几种：

① 见票后若干天付款（at ×× days after sight）。

② 出票后若干天付款（at ×× days after date）。

③ 提单签发后若干天付款（at ×× days after date of bill of lading）。

④ 指定日期付款（fixed date）。

**实践活动**

银行汇票和商业汇票的区别是什么？

4. 汇票的使用

汇票在使用中涉及出票、提示、承兑、付款、背书、拒付、追索等票据行为。

（1）出票（Issue） 出票是指出票人在汇票上填写付款人、付款金额、付款日期和地点以及收款人等项目，经签字将其交付给付款人的票据行为。汇票一经开立，出票人就成为主债务人，承担汇票被承兑或被付款的责任。

（2）提示（Presentation） 提示是指持票人将汇票提交付款人要求承兑或付款的行为。对于即期汇票叫作提示付款，对于远期汇票叫作提示承兑。

（3）承兑（Acceptance） 承兑是指付款人对远期汇票表示承担到期付款责任的行为。承兑的手续是由付款人在汇票的正面写上"承兑"字样，注明承兑日期，并由付款人签名，交还持票人。付款人对汇票做出承兑之后成为承兑人，成为汇票的主债务人。

（4）付款（Payment） 付款是指付款人向持票人支付票面金额的行为。对于即期汇票，付款人在见票时立即付款；对于远期汇票，付款人承兑后在汇票到期日付款。

（5）背书（Endorsement） 背书是指汇票持有人在汇票背面记载有关事项并签章，然后将汇票交给受让人的票据行为。背书是转让汇票权利的一种法定手续，经背书后汇票的收款权利转让给受让人。汇票可以经过背书不断转让下去。对于受让人来说，所有在他以前的背书人以及原出票人都是他的"前手"；而对于出让人来说，所有在他出让以后的受让人都是他的"后手"。前手对后手负有担保汇票必然会被承兑或被付款的责任。

汇票背书的方式通常有空白背书和记名背书两种。空白背书是指背书人只在票据的背面签上自己的名字；记名背书是指背书人除在汇票背面签上自己的名字之外，还写明被背书人名称或其指定人。

（6）拒付（Dishonor） 拒付又称"退票"，是指持票人在提示汇票时遭到拒绝付款或拒绝承兑的票据行为。除了拒绝付款和拒绝承兑外，付款人拒不见票、死亡或宣告破产，以致付款事实上已不可能时，也称拒付。

（7）追索（Recourse） 追索是指汇票遭到拒付后，持票人向其所有的前手和出票人，请求偿还汇票金额以及所支出的费用的行为。

实践活动

1. 当持票人被拒付时，持票人该怎么办？
2. 汇票的出票人永远是汇票的主债务人，这种说法对吗？

（二）本票

1．本票的含义及基本内容

本票是由出票人签发的，承诺自己在见票时无条件支付确定的金额给收款人或持票人的一种票据。本票的基本内容如下：

1）载明"本票"字样。

2）无条件的支付承诺。

3）确定的金额。

4）收款人的名称。

5）出票日期。

6）出票人签字。

本票上未记载以上任何一项的，本票无效。

2．本票的种类

按照出票人的不同，本票分为商业本票和银行本票两种。

1）商业本票是指由工商企业或个人签发的本票，有即期和远期之分。

2）银行本票是指由银行签发的本票，只有即期。在国际结算中通常使用银行本票。

**实践活动**

本票和汇票的区别是什么？

### （三）支票

**1. 支票的含义**

支票是出票人签发的，委托办理支票存款业务的银行或者其他金融机构在见票时立即无条件支付确定金额给收款人或持票人的票据。

支票的出票人必须是在银行设有存款的客户。出票人在签发支票时，应在付款行存有不低于票面金额的存款。如果开出的支票票面金额高于实际存款，称为"空头支票"，开出空头支票的出票人要承担法律责任。

**2. 支票的种类**

支票一般可分为现金支票和转账支票两种。在国际上，支票一般既可以支取现金，又可以通过银行转账，由持票人或收款人自主选择。但支票一经划线只能通过银行转账，而不能支取现金。因此，支票又有划线支票和非划线支票之分。

**实践活动**

在支票业务中，会涉及的当事人有哪几个？

### （四）汇票、本票和支票的异同

汇票、本票和支票作为国际贸易货款结算所使用的主要结算工具，三者之间的异同见表 3-9。

表 3-9　汇票、本票和支票的异同

| 项　目 | 汇　票 | 本　票 | 支　票 |
| --- | --- | --- | --- |
| 作用 | 支付、信用两种作用 | 支付、信用两种作用 | 仅有支付作用 |
| 性质 | 出票人对付款人的无条件支付命令，两者不必有资金关系 | 出票人对持票人的一种无条件支付承诺 | 出票人和付款人之间先有资金关系，支票只是出票人的一种取款证券 |
| 当事人 | 出票人、收款人、付款人 | 出票人、收款人 | 出票人、收款人、付款人 |
| 主债务人 | 承兑前是出票人，承兑后是承兑人 | 出票人 | 银行 |
| 付款人 | 承兑人、保证人、参加付款人 | 出票人 | 银行 |
| 出票人责任 | 担保汇票被承兑和付款 | 自负付款责任 | 担保支票被付款 |

## 二、支付方式

进出口贸易中支付货款的方式主要有汇付、托收和信用证三种。

## （一）汇付（Remittance）

1. 汇付的含义及当事人

汇付又称汇款，是指付款人主动通过银行或其他途径将款项汇交收款人的一种支付方式。汇付方式一般有四个当事人，即汇款人、收款人、汇出行和汇入行。

1）汇款人（Remitter），即汇出款项的人，在进出口贸易中一般为进口商。

2）收款人（Payee），即收取款项的人，在进出口贸易中一般为出口商。

3）汇出行（Remitting Bank），即受汇款人委托汇出款项的银行，通常为进口地银行。

4）汇入行（Paying Bank），即受汇出行委托解付汇款的银行，通常为出口地银行。

2. 汇付的种类

汇付可以分为电汇、信汇和票汇三种。

（1）电汇（T/T） 电汇是指汇出行应汇款人的申请，拍发加押电报、电传或SWIFT给国外汇入行，指示其解付一定金额给收款人的一种汇款方式。电汇方式的优点是收款人可以迅速地收到汇款，但费用比信汇和票汇高，目前使用最为普遍。

（2）信汇（M/T） 信汇是指汇出行应汇款人的申请，将信汇委托书寄给汇入行，授权解付一定金额给收款人的一种汇款方式。

（3）票汇（D/D） 票汇是指汇出行应汇款人的申请，代汇款人开立以其分行或代理行为解付行的银行即期汇票，支付一定金额给收款人的一种汇款方式。

实践活动

华升公司出口一批服装，决定采用汇付作为结算方式，在合同中该如何规定？

## （二）托收（Collection）

1. 托收的含义和当事人

托收是指出口商为了向进口商收取货款，开立以进口商为付款人的汇票，委托银行代收货款的结算方式。托收方式的当事人如下：

1）委托人（Principal），是指委托银行办理托收业务的客户。在进出口贸易中通常为出口商。

2）托收行（Remitting Bank），是指接受委托人的委托，办理托收业务的银行。在进出口贸易中通常为出口商所在地的银行。

3）代收行（Collecting Bank），是指接受托收行的委托，代其向付款人收款的银行。在进出口贸易中通常为进口商所在地的银行。

4）付款人（Drawee），是指根据托收行的托收指示，被提示单据而向代收行付款的人。在进出口贸易中通常为进口商。

5）提示行（Presenting Bank），是指向付款人提示单据的银行。一般情况下代收行就是提示行。

2．托收的种类

（1）按照托收时是否随附商业单据划分

1）光票托收，是指出口商在收取货款时仅凭汇票，不随附任何商业单据。光票托收在国际贸易货款结算中应用得较少，主要用于小额货款交易。

2）跟单托收，是指出口商在收取货款时随附汇票和商业单据，或只随附商业单据。在国际贸易中大多数采用跟单托收。

（2）按照托收时向付款人交单条件的不同划分

1）付款交单（Documents against Payment，D/P），是指出口商的交单以进口商付款为前提。付款交单按照交单时间的不同又分为即期付款交单（D/P at sight）和远期付款交单（D/P after sight）。即期付款交单是指出口商发货后开具即期汇票，连同商业单据，通过银行向进口商提示，进口商见票后立即付款，在付清货款后向银行领取商业单据和运输单据。远期付款交单是指出口商发货后出具远期汇票，连同商业单据，通过银行向进口商提示，进口商见票后先在汇票上承兑，于汇票到期日付清货款后再领取商业单据和运输单据。

即期付款交单和远期付款交单两种做法，进口商都必须在付清货款后才能取得单据，提取货物。

2）承兑交单（Documents against Acceptance，D/A），是指出口商的交单以进口商的承兑为条件。即出口商发货后开具远期汇票，连同商业单据，通过银行向进口商提示，进口商承兑汇票后，代收行交出单据，进口商待汇票到期日再履行付款义务。

承兑交单只适用于远期汇票的托收。由于承兑交单是付款人承兑后付款前即可取得货运单据，这对出口商来说已经交出了物权凭证，其收款保证只取决于进口商的商业信用。一旦付款人在汇票到期日不付款，则收款人可能会落得钱货两空。因此，对于收款人而言风险很大，使用承兑交单要谨慎。

 实践活动

买卖双方达成一笔交易，支付方式为托收方式下的承兑交单，出口商将会面临哪些风险？

（三）信用证（Letter of Credit，L/C）

1．信用证的含义和特点

（1）信用证的含义　信用证是银行根据进口商的申请而开立给出口商的一种保证付款的凭证，该银行承诺在单证相符的条件下支付汇票或发票金额。简言之，信用证是一种银行开立的有条件承诺付款的书面文件。

扫码看视频

（2）信用证的特点

1）信用证是一种银行信用。信用证支付方式下，只要受益人提交符合信用证规定的单据，开证行就保证付款，相当于银行处于第一付款人的地位。

2）信用证是一项自足文件。信用证的开立是以买卖合同为依据，但信用证一经开立，就独立于买卖合同之外，不受买卖合同的约束。

3）信用证是一种纯粹的单据业务。在信用证支付方式下，实行的是凭单付款的原则。只要受益人提交的单据符合信用证的相关规定，开证行根据"单证一致""单单一致"审核单据。只要同时符合这两个条件，开证行就会支付款项。

实践活动

在信用证支付方式下，开证行在任何情况下都会支付款项。此说法是否正确？为什么？

2. 信用证相关当事人

1）开证申请人（Applicant），是指向开证行提出开立信用证申请的人，一般为进口商（买方）。

2）开证行（Issuing Bank），是指接受开证申请人的申请和指示，开立信用证的银行。开证行一般为开证申请人所在地的银行。开证行一旦开立信用证，就承担保证付款的责任。

3）受益人（Beneficiary），是指信用证上所指定的有权使用该证的人。在国际贸易中，信用证受益人一般为出口商（卖方）。

4）通知行（Advising Bank），是指受开证行的委托，将信用证转交出口商的银行。通知行负责鉴别信用证表面的真实性，不承担其他义务。通知行通常为出口商所在地的银行。

5）议付行（Negotiating Bank），是指根据开证行的授权买入或贴现受益人开立和提交的符合信用证规定的汇票或单据的银行。议付行可以由开证行指定，也可以是非指定的银行，由信用证的条款规定。

6）付款行（Paying Bank），是指开证行指定的代开证行付款或承兑并支付信用证受益人出具的汇票的银行。在大多数情况下，付款行就是开证行自己。

7）保兑行（Confirming Bank），是指根据开证行的请求在信用证上加具保兑的银行。保兑行的责任和地位与开证行相同，承担第一性付款责任。

实践活动

1. 开证行在信用证业务中永远承担第一性付款责任吗？
2. 信用证开立后，由一家保兑行进行保兑，保兑后的信用证相当于是买了"双保险"。这种说法正确吗？

3. 信用证支付的一般流程

1）出口商和进口商订立买卖合同，合同中约定以信用证方式支付。

2）开证申请人（进口商）提交开证申请书，同时缴纳押金或提供其他担保。

扫码看视频

3) 开证行开立信用证，并请求出口方银行通知信用证。

4) 通知行将信用证转递给受益人（出口商）。

5) 受益人审核信用证，审核无误并确保其能履行信用证规定的条件后，即装运货物。

6) 受益人装运货物后，从船运公司取回正本提单，并制作其他单据向银行交单议付。

7) 议付行审核单据无误后，垫付款项给受益人。

8) 议付行寄单索偿。该银行可能是开证行，或是信用证内指定的付款行、偿付行。

9) 付款行或开证行或偿付行审核单据无误后偿付给议付行。

10) 开证行通知开证申请人付款赎单，在开证申请人付款后交单。

11) 开证申请人凭单据向船运公司提取货物。

信用证支付的一般流程如图 3-42 所示。

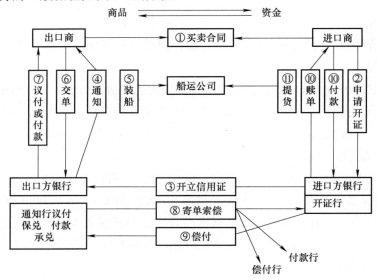

图 3-42　信用证支付的一般流程

### 实践活动

在信用证业务中，出口商要顺利收到货款，必须向开证行交单议付吗？

4. 信用证的种类

（1）根据信用证项下的汇票是否随附货运单据分类

1) 跟单信用证（Documentary L/C），是指开证行凭跟单汇票或仅凭单据付款的信用证。国际贸易中使用的大多数是跟单信用证。

2) 光票信用证（Clean L/C），是开证行仅凭不附带货运单据的汇票付款的信用证。

（2）根据开证行所负的责任不同分类

1) 不可撤销信用证（Irrevocable L/C），是指信用证一经开出，在有效期内未经受益人和有关当事人的同意，开证行不得片面地修改和撤销，只要受益人提供符合信用证规定的单据，开证行必须履行付款义务。国际贸易中使用的信用证基本上都是不可撤销信用证。

2）可撤销信用证（Revocable L/C），是指开证行有权随时予以修改或撤销，但若受益人已按信用证规定得到议付、承兑或延期付款保证，则银行的撤销或修改无效。随着《跟单信用证统一惯例》（UCP600）的推行，可撤销信用证已经名存实亡，其默认所有的信用证都是不可撤销的。

（3）根据信用证是否有另一家银行加以保兑分类

1）保兑信用证（Confirmed L/C），是指开证行开出的信用证由另一家银行保证对符合信用证规定的单据履行付款义务。信用证一经保兑，保兑行承担与开证行相同的第一性付款责任。

2）不保兑信用证（Unconfirmed L/C），是指未经另一家银行加以保兑的信用证。

（4）根据信用证付款时间的不同分类

1）即期信用证（Sight L/C），是指开证行或付款行收到符合信用证条款的单据后，立即履行付款义务的信用证。

2）远期信用证（Usance L/C），是指开证行或付款行收到符合信用证条款的单据后，在规定期限内保证付款的信用证。

（5）根据受益人索款路线的不同分类

1）议付信用证（Negotiation L/C），是指开证行允许受益人向某一指定银行或任何银行交单议付的信用证。

2）付款信用证（Payment L/C），是指受益人只能直接向开证行或其指定的付款行交单索偿的信用证。

（6）根据受益人对信用证的权利是否可转让分类

1）可转让信用证（Transferable L/C），是指开证行授权有关银行在受益人的要求下，可将信用证的全部或部分金额转让给第二受益人使用的信用证。

2）不可转让信用证（Non-transferable L/C），是指受益人无权将信用证权利转让给他人使用的信用证。

除了以上几种信用证种类外，信用证还可分为循环信用证、对开信用证、背对背信用证、预支信用证、备用信用证等。

5.《跟单信用证统一惯例》（UCP600）

《跟单信用证统一惯例》简称为"UCP600"，是约束信用证支付方式的国际贸易惯例，由国际商会颁布，自 2007 年 7 月 1 日起实行。

 实践活动

华升公司收到通知行转交的信用证，发现该证未规定信用证的种类。请问该信用证是否要经过修改才能使用？请说明理由。

## 同步测试

### 一、选择题

1. 根据《跟单信用证统一惯例》（UCP600）的解释，信用证的第一付款人是（    ）。
   A．进口商                     B．开证行
   C．议付行                     D．通知行

2. 对于卖方而言，D/P、D/A 和 L/C 三种结算方式的风险由大到小依次为（    ）。
   A．D/P、D/A、L/C              B．L/C、D/P、D/A
   C．D/A、D/P、L/C              D．D/A、L/C、D/P

3. 按照《跟单信用证统一惯例》（UCP600）的规定，受益人最后向银行提交议付单据的期限是不迟于提单签发的（    ）。
   A．11 天                      B．15 天
   C．21 天                      D．30 天

### 二、判断题

1. 一张不可撤销信用证，无论在什么情况下都不可撤销。（    ）
2. 支票是以银行为付款人的即期汇票。（    ）
3. 汇票和票汇都是属于支付方式中的一种。（    ）
4. 在订立合同支付条款时，要争取使用信用证方式支付，因为信用证是银行信用。（    ）
5. 汇票经过承兑后，承兑人就成了汇票的主债务人。（    ）

### 三、案例分析

我国某进出口公司向国外客户出口一批商品，国外客户按时开立信用证。为保证款项的收回，应议付行的要求，我方请香港某银行对信用证加以保兑。我方进出口公司在货物出运后，将有关单据提交议付行议付。不久接到保兑行通知："由于开证行破产，我行将不承担信用证的付款责任。"请问：

1. 保兑行的做法是否正确？为什么？
2. 对此情况我方应如何处理？

### 实训任务

华升公司以 CIF 价格向西班牙出口一批服装，合同的签订日期为 9 月 30 日。10 月 28 日西班牙巴塞罗那银行开来了即期信用证，证中规定装船期为 12 月份，付款行为西班牙某银行。中国银行收证后于 10 月 31 日通知华升公司。11 月 10 日华升公司获悉国外进口商因资金问题濒临破产倒闭。请问在此情况下，华升公司该如何处理？假如你是出口商，你会如何处理此案例中的问题？请在下框中写出你的理由。

> **实训评价**

表 3-10　拟定支付条款实训评价表

| 学生基本信息 | | | |
|---|---|---|---|
| 姓名 | | 组别 | |
| | | 实训指导教师 | |
| 自我评价 | | | |
| 序号 | 考核内容 | | 评价 |
| 1 | 能根据信用证相关知识分析案例、解决问题 | | 是□　否□ |
| 教师评价 | | | |
| 序号 | 考核内容 | | 评价 |
| 1 | 能根据信用证相关知识分析案例、解决问题 | | 是□　否□ |

# 任务八　其他合同条款

> **任务导航**

华升公司外贸部实习生张刚与 BRUEBECK 公司业务部经理 Kerr 就合同主要条款达成了一致，下面将对商品检验、不可抗力、仲裁、索赔等其他条款进行确认。

> **知识充电站**

## 一、商品检验

### （一）商品检验的定义

国际货物买卖中的商品检验（Commodity Inspection）简称商检，是指商品检验机构对进出口货物的品质、数量、包装、卫生，以及涉及人类健康安全、保护动植物生命健康、保护环境、防止欺诈行为、维护国家安全等项目所进行

扫码看视频

的检验、鉴定和监督管理。

凡是列入出入境检验机构必须实施检验的进出口商品目录的进出口商品，必须由商检机构按照国家技术规范的强制性要求进行检验；列入必检目录中的出口商品未经检验合格的，不准出口。

除非买卖双方另有约定，买方在接受货物之前有权对其购买的货物进行检验。但是买方对货物的检验并不是强制性的，不是其接受货物的前提条件。

（二）检验时间和地点

在国际贸易中，进口方一般都有权检验货物，但在何时、何地行使对货物的检验权各国并无统一的规定。确定检验时间和地点其实就是确定进出口方中哪一方获得检验权，也就是确定检验结果以哪一方出具的检验证书为准。有了检验权，在处理商品品质纠纷时对自己也更有利。

在国际贸易货物买卖合同中，关于检验时间和地点的约定一般有四种做法：出口国检验；进口国检验；出口国检验、进口国复验；装运港（地）检验重量、目的港（地）检验品质。

出口国检验即在出口国所在地检验，即使买方在货物到达目的港（地）后，自行委托检验机构对货物进行复验，也无权对商品的品质和重量等项检验内容向卖方提出异议。因此，这种规定办法从根本上否定了买方的复验权，对买方极为不利。

进口国检验即在进口国所在地检验，卖方实际上须承担到货品质、重量（数量）等项检验内容的责任。由此可见，这种方法对卖方极为不利。

出口国检验、进口国复验既承认卖方所提供的检验证书是有效文件，可作为交接货物和结算货款的依据之一，又让买方有复验权，对交易双方都有利，因而已成为国际公认原则。我国进出口合同中一般采用此种做法。

装运港（地）检验重量、目的港（地）检验品质是货物到达目的港（地）后，如果货物在品质方面与合同中规定的不符，而且该不符点是卖方责任所致，则买方可凭品质检验证书，对货物的品质向卖方提出索赔，但买方无权对货物的重量提出异议。该种做法主要用于大宗商品交易的检验。

（三）检验机构

在国际货物买卖中，交易双方除了自行对货物进行必要的检验外，通常还要委托独立于买卖双方之外的第三方对货物进行检验。这种根据客户的委托或有关法律、法规对进出境商品进行检验、鉴定或监督管理的机构就是进出口商品检验机构，简称商检机构。

2018年4月，出入境检验检疫管理职责和队伍划入海关总署，于海关总署下设商品检验司，监督管理法定检验商品的数量、重量鉴定，依据多双边协议承担出口商品检验相关工作。海关总署设在省、自治区、直辖市以及进出口商品的口岸、离散地的出入境检验检疫机构及其分支机构，管理所负责地区的进出口商品检验工作。

在国际上也有许多检验检疫机构，比较著名的有以下几个：

1）美国食品药品监督管理局（FDA）。

2）美国粮谷检验署（FGES）。

3）美国保险人实验室（UL）。

4）瑞士日内瓦通用鉴定公司（SGS）。

### （四）检验证书

检验证书是检验机构对进出口商品进行检验后签发的书面证明文件。检验证书种类繁多，下面介绍几种常见的检验证书。

1. 品质检验证书（Inspection Certificate of Quality）

品质检验证书是证明进出口商品的质量、规格、等级等实际情况的证明文件；是出口商品交货结汇和进口商品结算索赔的有效凭证；是法定检验商品的证书，是进出口商品报关、输出输入的合法凭证。

2. 重量检验证书（Inspection Certificate of Weight）

重量检验证书是证明进出口商品重量的证明文件。其内容为货物经过何种计重方法得出的实际重量，以证明有关商品的重量是否符合买卖合同的规定。

3. 数量检验证书（Inspection Certificate of Quantity）

数量检验证书是证明进出口商品数量的证明文件。其内容为货物经过何种计量单位得出的实际数量，以证明有关商品的数量是否符合买卖合同的规定。

4. 兽医检验证书（Veterinary Inspection Certificate）

兽医检验证书是证明出口动物产品或食品经过检疫合格的证件，适用于冻畜肉、冻禽、禽畜罐头、冻兔、肠衣等出口商品，是对外交货、银行结汇和进口国通关输入的重要证件。

5. 卫生检验证书（Sanitary Inspection Certificate）

卫生检验证书是证明可供人类食用的出口动物产品、食品等经过卫生检验或检疫合格的证书。

6. 消毒检验证书（Disinfection Inspection Certificate）

消毒检验证书是证明出口动物产品经过消毒处理，保证安全卫生的证书。

7. 熏蒸证书（Inspection Certificate of Fumigation）

熏蒸证书是用于证明出口粮谷、油籽、皮张等商品，以及包装用木材与植物性填充物等，已经过熏蒸灭虫的证书。

8. 产地检验证书（Inspection Certificate of Origin）

产地检验证书是证明进出口产品的原产地时使用的证件，通常包括一般原产地证书、普惠制原产地证书等。

> **实践活动**
>
> 判断：1. 买方对货物的检验权是强制的，是接收货物的前提条件。（  ）
>
> 2. 买方如果没有利用合理的机会检验货物，那么他就自动放弃了检验货物的权利。（  ）
>
> 3. 检验证书有很多种，如品质检验证书、数量检验证书、重量检验证书、兽医检验证书等，是对进出口商品检验鉴定后的证明文件。（  ）

## 二、不可抗力

不可抗力（Force Majeure）又称人力不可抵抗，是指买卖合同签订后，不是合同当事人的过失或者疏忽，而是发生了合同当事人无法预见、无法预防、无法避免和无法控制的事件，致使合同不能履行或不能如期履行，发生意外事件的一方可以免除履行合同或推迟履行合同的责任。

扫码看视频

### （一）不可抗力的界定

不可抗力事件有其特定的解释，并不是任何一种意外事件都可随意称作不可抗力事件。不可抗力事件的范围较广，大体可以分为两大类：一是自然原因引起的，如水灾、旱灾、暴风、干旱、暴雪、地震、火灾、海啸等；二是社会原因引起的，如战争、罢工、政府封锁、禁运、禁止进出口及国际航道封闭等。但并非所有自然原因和社会原因引起的事件都属于不可抗力事件，构成不可抗力事件一般需要满足以下几点：

1）在签订合同后发生。

2）不是因为合同当事人故意或过失造成的。

3）造成的后果是当事人无法预见、无法控制、无法避免和不可克服的。

### （二）不可抗力的约定办法

关于不可抗力的约定办法通常有概括规定、具体规定和综合规定三种。

#### 1. 概括规定

概括规定即在合同中不具体规定哪些事件属于不可抗力事件，而只是笼统地规定。此种办法包括的范围广，但太过于笼统，当涉及具体某一事件是否属于不可抗力时，则很难判断，因此使用较少。

#### 2. 具体规定

具体规定主要指在合同中具体订明哪些事件是属于不可抗力事件，即在合同中详列不可抗力事件，凡是在合同条款中没有规定的或列明的就不属于不可抗力事件。这种一一列举的办法虽然明确具体，但文字烦琐，且可能出现遗漏情况，因此也不是最好的办法。

### 3. 综合规定

综合规定是将概括规定和具体规定两种方式结合使用，先尽量列举可能出现的不可抗力事件，然后再概括地加以规定。例如，列明经常可能发生的不可抗力事件（如战争、洪水、地震、火灾等）的同时，再加上"以及双方同意的其他不可抗力事件"的文句。这种规定办法既明确具体，又有一定的灵活性，目前在国际贸易实务中多采用此种办法。

### （三）不可抗力的通知与证明

不可抗力事件发生后如影响合同履行，发生事件的一方当事人应按约定的通知期限和通知方法，将事件情况如实通知对方，对方在接到通知后应及时答复，如有异议也应及时提出，否则将视为默认。

此外，发生事件的一方当事人还应按约定办法出具证明文件，作为发生不可抗力事件的证据。在国外，这种证明文件一般由当地的商会或法定公证机构出具；在我国，可由中国国际贸易促进委员会（简称贸促会）出具。

### （四）不可抗力的处理办法

发生不可抗力事件后，应按约定的处理原则和办法及时进行处理。在实际业务操作中，根据不可抗力事件对履行合同的影响的情况和程度，其后果可分为两种：一是解除合同；二是变更合同。一般情况下，如果不可抗力事件的发生使合同的履行成为不可能，则可解除合同。如果不可抗力事件只是部分或暂时性地阻碍了合同的履行，则发生事件的一方只能采用变更合同的方法。为明确起见，双方应在合同中具体订明什么情况下解除合同或变更合同。

 实践活动

1. 在合同的不可抗力条款中，规定"由于不可抗力的原因，导致……"这属于（    ）。

   A. 综合规定  B. 列举规定
   C. 概括规定  D. 分类规定

2. 在国际货物买卖中，较常采用的不可抗力事件范围的规定方法是（    ）。

   A. 概括规定  B. 不规定
   C. 具体规定  D. 综合规定

3. 下列引起不可抗力的原因中，属于社会原因的有（    ）。

   A. 动、植物侵害  B. 价格波动
   C. 不明飞行物侵害  D. 政府禁止有关商品进出口

## 三、仲裁

在国际货物贸易中，情况错综复杂，市场变化多端，因此，交易双方签订合同后，常常由于种种原因无法履行合同，因而引起交易双方当事人之间的争议。买卖双方解决合同争议一般有友好协商、调解、仲裁和诉讼四种途径。友好协商与调解有一定的局限性，而诉讼程序复杂、诉讼费用高，所以仲裁就成了解决合同争议广泛采用的方式。

扫码看视频

### （一）仲裁协议的形式

在国际货物贸易中，仲裁协议是指合同当事人或争议双方达成的有关解决彼此争议的一种书面协议。

仲裁协议主要包括两种形式：一种是在争议发生之前订立的，它通常作为合同中的一项仲裁条款出现，在绝大多数国际货物买卖合同中都有此项条款；另一种是在争议发生之后订立的，它是把已经发生的争议提交仲裁的协议。

### （二）仲裁协议的效力

买卖合同里规定的仲裁条款和交易双方发生争议之后提交的仲裁协议，其法律效力是相同的，而且它们都具有独立性。

《中国国际经济贸易仲裁委员会仲裁规则》规定，合同中的仲裁条款应视为与合同其他条款分离地、独立地存在的条款，附属于合同的仲裁协议也应视为与合同其他条款分离地、独立地存在的一个部分；合同的变更、解除、终止、失效或无效以及存在与否，均不影响仲裁条款或仲裁协议的效力。

### （三）仲裁协议的作用

仲裁协议的作用包括以下三个方面：

1）约束双方当事人只能以仲裁方式解决争议，不得向法院起诉。

2）排除法院对有关案件的管辖权。如果一方违背仲裁协议，自行向法院起诉，另一方可根据仲裁协议要求法院不予受理，并将争议案件退交仲裁庭裁断。

3）使仲裁机构取得对争议案件的管辖权。

### （四）仲裁条款的基本内容

国际货物买卖合同中的仲裁条款通常包括仲裁地点、仲裁机构、仲裁规则、仲裁裁决的效力和仲裁费的负担。

**1．仲裁地点**

仲裁地点与仲裁所适用的法律密切相关，因此交易双方磋商仲裁条款时，都极为关心仲裁地点的确定。

按照各有关国家的法律规定，在哪个国家仲裁，往往就适用哪个国家的仲裁法律。因此在选择仲裁地点时，要考虑仲裁地点的远近以及仲裁费的多少，最好争取在本国仲裁。如果在第三国进行，要考虑选择态度公正且具有一定业务能力的仲裁机构。

2．仲裁机构

仲裁机构有很多，其中有常设的仲裁机构，也有由双方当事人共同指定仲裁员临时组成的仲裁庭。

我国常设的涉外仲裁机构主要是中国国际经济贸易仲裁委员会和中国海事仲裁委员会。根据业务发展的需要，中国国际经济贸易仲裁委员会在上海、深圳等地分别设有分会。此外，我国有些省市和地区近年来还按实际需要设立了若干地区性的仲裁机构。

在国际上，有些国际组织和许多国家或地区都分别成立了常设仲裁机构，例如：

1）设在巴黎的国际商会仲裁院。
2）英国伦敦国际仲裁院。
3）瑞典斯德哥尔摩商会仲裁院。
4）瑞士苏黎世商会仲裁院。
5）美国仲裁协会。
6）日本国际商事仲裁会。

鉴于国际上的仲裁机构很多，甚至在一个国家或地区就有多个仲裁机构，合同当事人究竟选用哪个仲裁机构，应在合同仲裁条款中具体列明。

专为审理某争议案而临时组成的仲裁庭，待案件审理完毕即自动解散，因此，在采取此种办法处理争议时，买卖双方应在合同仲裁协议中就临时仲裁庭的组庭人数、是否需要首席仲裁员和指定仲裁员的办法等做出明确规定。

3．仲裁规则

各国仲裁机构一般都制定了自己的仲裁规则，按照国际仲裁的通常做法，原则上都采用仲裁所在地的仲裁规则，但值得注意的是，在法律上也允许根据双方当事人的约定，采用仲裁地点以外的其他国家的仲裁机构所制定的仲裁规则进行仲裁。在中国仲裁时，双方当事人通常都约定使用《中国国际经济贸易仲裁委员会仲裁规则》。根据该仲裁规则的规定，凡当事人同意将争议提交中国国际经济贸易仲裁委员会仲裁的，均视为同意按照本仲裁规则进行仲裁。如果当事人约定适用其他仲裁规则，并征得仲裁委员会同意的，原则上也可适用其他仲裁规则。

4．仲裁裁决的效力

仲裁庭依法做出的裁决通常都是终局性的，对争议双方当事人均具有法律效力，任何一方都必须依照执行，并不得向法院起诉要求变更裁决。即使当事人向法院起诉，法院一般也只是审查程序，而不审查实体，即只审查仲裁裁决在法律手续上是否完备、有无违反程序上的问题,而不审查裁决本身是否正确。若法院查出仲裁程序上确有问题,则可宣布仲裁裁决无效。

由于仲裁是建立在双方当事人自愿的基础上,因此,如果仲裁庭做出的裁决在仲裁程序上没有问题,双方当事人应当承认和执行。若败诉方不执行裁决,胜诉方有权向有关法院起诉,请求法院强制执行,以维护自身的合法权益。若仲裁裁决的承认与执行涉及一个国家的仲裁机构所做出的裁决要由另一个国家的当事人去执行的问题,在此情况下,若国外当事人拒不执行仲裁裁决,则可依据国际的双边协议或多边国际公约的规定来解决。

5. 仲裁费的负担

仲裁费由谁负担,通常都在仲裁条款中予以约定,以明确责任。根据双方当事人的意愿,有的约定由败诉方承担,也有的约定由仲裁庭裁决确定。

 实践活动

1. 实际业务中,常见的解决合同争议的方式主要有(      )、(      )、(      )和(      )四种。
2. 国际贸易中,买卖双方产生争议后,一般首先采用的解决方法是(      )。
   A. 友好协商　　　　　　　　B. 第三者调解
   C. 仲裁　　　　　　　　　　D. 司法诉讼
3. 以仲裁方式解决贸易争议的必要条件是(      )。
   A. 双方当事人订有仲裁协议
   B. 双方当事人订有合同
   C. 双方当事人无法以协商解决
   D. 一方因诉讼无果而提出
4. 多数国家认定国际仲裁裁决是(      )。
   A. 无约束力的　　　　　　　B. 终局性的
   C. 可以向法院上诉的　　　　D. 可以变更的

## 四、索赔

索赔(Claim)是指在国际贸易业务中,因一方违反合同的规定,给另一方直接或间接地造成损害,受损方向违约方提出损害赔偿,以弥补其所受损失的行为。

扫码看视频

### (一)索赔的依据

在索赔条款中一般规定:货到目的地卸货后,若发现货物品质、数量或重量与合同规定不符，除由保险公司或承运人负责外，买方应凭双方约定的商检机构出具的检验证明向卖方提出异议与索赔。若索赔的证据不全、不清，或者出证机构不符合规定，都可能遭受拒赔。

### （二）索赔期限

索赔期限是指索赔方向违约方提起索赔的有效时限。如超过约定的索赔时限，违约方可不予受理。在约定索赔期限时，通常有以下几种方法：

1）货物到目的地后××天起算。
2）货物到目的地卸离运输工具后××天起算。
3）货物到买方营业处所或用户所在地后××天起算。
4）货物到目的地经检验后××天起算。

### （三）索赔的处理

由于索赔金额事先难以预计，故一般在订立合同时不作具体规定，待出现违约事件后再由有关方面酌情确定。一般来说，一方违约给对方造成损失的，索赔金额应相当于因违约所造成的损失。索赔是一项复杂而又重要的工作，应本着实事求是和公平合理的原则，在弄清事实与分清责任的基础上，区别不同情况，有理有据地对违约事件进行适当处理。

> **实践活动**
>
> 买卖合同的一方当事人因另一方当事人违约致使其遭受损失而向另一方当事人提出要求损害赔偿的行为称为（　　　）。

## 同步测试

### 一、单选题

1．在买卖合同的商检条款中，我国对外贸易实务中使用最多的检验时间和地点的规定方法是（　　　）。

　　A．出口国检验
　　B．进口国检验
　　C．出口国检验、进口国复验
　　D．装运港（地）检验重量、目的港（地）检验品质

2．不可抗力免除了遭受意外事故一方当事人（　　　）。

　　A．对损害赔偿的责任
　　B．履行合同的责任
　　C．交付货物的责任
　　D．支付货款的责任

3．索赔条款适用于品质、数量、包装等方面的违约行为，它的赔偿金额（　　　）。

A．一般预先规定

B．一般不预先规定

C．由第三方代为规定

D．由受损方确定

二、判断题

1．在国际贸易中，对所有的进出口货物都必须进行检验检疫并出具证书。（    ）

2．检验证书的签发日期应迟于提单签发日期。（    ）

3．引起不可抗力事件的原因包括由于自然原因和社会原因所引起的所有灾害和意外事故。（    ）

4．仲裁协议必须由合同当事人在争议发生前达成，否则不能提请仲裁。（    ）

5．如果提出索赔要求时已超过了索赔时限，索赔方在事后仍有索赔权利。（    ）

三、案例分析

我国某出口企业以 CIF 纽约条件与美国某公司订立了 2000 台电冰箱的出口合同，合同规定 2021 年 12 月交货。2021 年 11 月底，我方企业出口商品仓库发生雷击火灾，致使一半左右的出口电冰箱烧毁。我方企业以发生不可抗力事件为由，要求免除交货责任，美方不同意，坚持要求我方按时交货。我方无奈经多方努力，于 2022 年 1 月初交货，美方要求索赔。请问：

1．我方要求免除交货责任的要求是否合理？为什么？

2．美方的索赔要求是否合理？为什么？

### 实训任务

请根据产品特性，帮助华升公司与 BRUEBECK 公司拟定销售确认书中的商品检验、不可抗力、仲裁和索赔条款，并填写在下框中。

## ▶ 实训评价

表 3-11 拟定其他合同条款实训评价表

| 学生基本信息 | | | | |
|---|---|---|---|---|
| 姓名 | | 组别 | | |
| | | 实训指导教师 | | |
| 自我评价 | | | | |
| 序号 | 考核内容 | | 评价 | |
| 1 | 结合产品拟定检验条款 | | 是□ | 否□ |
| 2 | 结合产品拟定不可抗力条款 | | 是□ | 否□ |
| 3 | 结合产品拟定仲裁条款 | | 是□ | 否□ |
| 4 | 结合产品拟定索赔条款 | | 是□ | 否□ |
| 教师评价 | | | | |
| 序号 | 考核内容 | | 评价 | |
| 1 | 结合产品拟定检验条款 | | 是□ | 否□ |
| 2 | 结合产品拟定不可抗力条款 | | 是□ | 否□ |
| 3 | 结合产品拟定仲裁条款 | | 是□ | 否□ |
| 4 | 结合产品拟定索赔条款 | | 是□ | 否□ |

模块四

# 履行出口合同

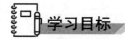 学习目标

> 知识目标

1. 掌握审证的依据和要点。
2. 了解备货应注意的问题。
3. 熟悉出货流程。
4. 了解报关基本操作。
5. 掌握制作出口单据的基本要求。
6. 熟悉常用的出口单据和凭证。
7. 了解我国出口结汇的具体做法。

> 能力目标

1. 能够根据外贸合同审核信用证中存在的不符点。
2. 能够针对具体业务情景和实际备货情况,描述出口合同履行的出运流程和报关流程。
3. 能够结合信用证分析单据种类和份数。

> 素养目标

依据进出口合同及国际贸易惯例和法规履行出口合同,增强出口商品质量把关的意识。

 任务书

请参照图 4-1 所示思维导图和表 4-1 中的学习任务开展实践活动。

模块四 履行出口合同

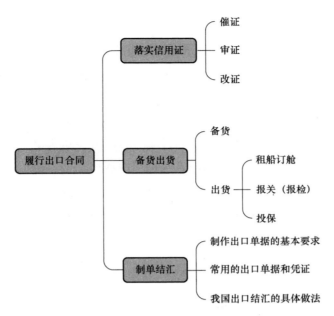

图 4-1　履行出口合同思维导图

表 4-1　履行出口合同学习任务

| 序号 | 学习任务 | 学习任务简介 | 学习要点 | 实践活动 |
| --- | --- | --- | --- | --- |
| 1 | 落实信用证 | 根据外贸企业工作要求，学习催证、审证和改证相关知识，掌握出口企业审证要点和改证业务流程 | 1. 出口企业审证的要点<br>2. 改证业务流程 | 结合实际案例审核信用证中的不符点；针对外贸企业背景材料简要说出信用证收付流程 |
| 2 | 备货出货 | 根据外贸企业工作要求，熟悉备货出货业务流程 | 1. 备货应注意的问题<br>2. 货物出运流程<br>3. 货物报关（报检）基本操作 | 结合校企合作企业开展备货出货业务流程模拟实践活动 |
| 3 | 制单结汇 | 根据外贸企业工作要求，熟悉制单结汇相关知识和技能 | 1. 制作出口单据的基本要求<br>2. 结合信用证分析制单种类和缮制要求 | 针对校企合作企业销售合同，分析结汇时需准备的单据和缮制要求 |

# 任务一　落实信用证

## ▶ 任务导航

华升公司与 BRUEBECK 公司达成了合同，确定支付方式为信用证。外贸部经理给张刚布置了一项任务，要求他跟进信用证业务，那么接下来他该怎么完成这项任务呢？

## ▶ 知识充电站

在履行以信用证方式付款的合同时，落实信用证是不可缺少的一环。落实信用证通常包括催证、审证和改证等内容，其中审证尤为关键。

## 一、催证

催证是指卖方以一定的通信方式催促买方按时开出信用证,以便及时履行交货义务的一种行为。

在按信用证付款条件成交时,买方按约定时间开证是卖方履行合同的前提条件,尤其是大宗交易或按买方要求而特制的商品交易,买方及时开证更为必要,否则卖方无法安排生产。在我国的出口贸易中,国外客户由于资金短缺或市场变化等原因,故意拖延开证或付款的情形经常发生。为此,凡按信用证方式收取货款的合同,如对方在接近或已超过合同规定期限仍未开立信用证,需要提前交货时,也可洽请对方提前开证。卖方应结合备货情况做好催证工作。

## 二、审证

出口企业审核信用证条款的依据是双方签订的买卖合同,同时还应根据《跟单信用证统一惯例》(UCP600)的解释和相关规定。

扫码看视频

信用证是依据合同开立的,信用证内容应与合同条款一致。但在实际业务中,由于种种原因,往往会出现开立的信用证条款与合同规定不符的情况。因此,为了确保收汇安全和合同的顺利履行,应对国外来证进行认真审核。在实际业务中,审核任务由银行和出口企业共同承担。

### (一)银行审核的重点

银行着重审核有关开证行资信、所承担的责任以及收汇路线等方面的条款和问题。

### (二)出口企业审核的重点

出口企业着重审核信用证内容与买卖合同是否一致。

1. 对信用证金额与货币的审核

信用证金额应与合同金额一致。如合同订有溢短装条款,信用证金额要包括溢短装部分的金额。

2. 对信用证有关货物记载的审核

注意有关商品的名称、数量、规格、包装、单价等内容必须和合同规定相符;另外还应注意装运期、装卸港口、运输方式、可否分批装运及转运等内容。

3. 对单据的审核

对于来证中要求提供的单据种类和份数及填制方法等,要进行仔细审核。

(1)对装运期、有效期和交单期的审核 信用证中载明的装运期应与合同规定一致。如果来证太晚,无法按期装运,应联系开证人延展装运期。在延展装运期的同时,顺延信用证的有效期和交单期。

按《跟单信用证统一惯例》（UCP600）的规定，信用证必须规定提示单据的有效期限，即交单付款、承兑或议付的最迟日期。未规定有效期的信用证不能使用。凡超过有效期提交的单据，开证银行有权拒绝接受。

通常信用证中规定的交单期是指受益人最迟向出口地银行交单议付的日期。若信用证中未规定明确的交单期，按惯例，则为装运日后 21 天，但必须在信用证的有效期内。

信用证的有效期与最迟装运期应有一定的间隔，以便交付货物后能有足够时间办理制单结汇工作。在我国的出口贸易实务中，通常要求信用证的议付到期日规定在装运期后的 15 天。信用证有效期与装运期规定在同一天的，称为"双到期"。在这种情况下，应在信用证到期日前提早几天将货物装上运输工具或交给承运人，以便留出时间制备单据，向银行交单办理议付或支款手续。

（2）对分批装运和转运的审核　信用证中的分批装运和转运必须与合同规定相符。按照国际惯例，信用证如未规定"不准分批装运"和"不准转运"，可以视为"允许分批装运"和"允许转运"。《跟单信用证统一惯例》（UCP600）第三十二条规定，如信用证规定在指定的时间段内分期支款或分期发运，任何一期未按信用证规定期限支取或发运时，信用证对该期及以后各期均告失效。

（3）对其他特殊条款的审核　审核来证中有无与合同规定不符的其他特殊条款，如发现有对卖方不利的附加特殊条款，一般不宜接受；如对卖方无不利之处，而且也能办到，便可酌情灵活掌握。

**实践活动**

华升公司收到开证行开立的信用证，着手进行审证。请问作为出口商，该从哪些方面来审核信用证？

## 三、改证

在审核信用证时，如发现有卖方不能接受的条款，应及时向开证人提出要求进行修改。修改信用证条款涉及有关当事人权利、义务的改变，所以凡是对不可撤销信用证中任何条款的修改，都必须在有关当事人全部同意后才能办理。

在出口贸易中，当发现来证条款必须修改时，应由卖方向开证申请人提出，征得其同意后，由开证申请人通知开证行办理修改手续。修改通知书如同开立信用证一样，须通过通知行核实、转递，即由开证行航寄修改通知书或以电报、电传等通信工具通知通知行，再由通知行转交受益人，而不能由开证行直接通知或由买方直接寄给受益人。

同一信用证如有多处需要修改，原则上应一次性提出。如果修改通知书涉及两项或两项以上的条款，按惯例，受益人只能全部接受或全部拒绝，不能接受其中一部分而拒绝另一部分。

> **实践活动**
> 
> 华升公司收到通知行转递的信用证后，立即着手进行审核，审核后发现信用证有需要修改的条款，请问该公司该如何进行改证？

## 同步测试

### 一、判断题

1. 审核信用证的工作是银行与外贸公司的共同责任，两者的审核内容相同。（    ）
2. 审核信用证的依据是单据。（    ）
3. 信用证的修改必须经买卖双方同意。（    ）
4. 信用证修改通知书的内容在两项以上的，受益人可以部分接受。（    ）
5. 信用证的修改可以由受益人直接向开证行提出。（    ）

### 二、案例分析

我国某进出口公司与国外某客户订立了一份出口合同，规定支付方式为不可撤销信用证。买方在合同规定的时间开立信用证。我方在收到信用证后审核发现，信用证上有关信用证到期地点的规定与双方协商的不一致。由于时间紧迫，我方立即电告开证行修改信用证，并要求开证行修改完毕后，直接将信用证修改通知书寄交我方。我方的做法可能产生什么后果？

## 实训任务

出口商：Jinhua Huasheng Fashion Co., Ltd.

进口商：西班牙 BRUEBECK TRADING Co., Ltd.

付款方式：信用证支付

开证行：SANTANDER CENTRAL HISPANO S.A.

通知行：BANK OF CHINA JINHUA BRANCH

如果你是出口商，审核后发现信用证与合同有不符点，需要修改信用证，请在下框中写出信用证修改的流程。

## 实训评价

表 4-2 落实信用证实训评价表

| 学生基本信息 | | | |
|---|---|---|---|
| 姓名 | | 组别 | |
| | | 实训指导教师 | |
| 自我评价 | | | |
| 序号 | 考核内容 | | 评价 |
| 1 | 修改信用证的流程 | | 是□   否□ |
| 教师评价 | | | |
| 序号 | 考核内容 | | 评价 |
| 1 | 修改信用证的流程 | | 是□   否□ |

# 任务二　备货出货

## 任务导航

华升公司实习生张刚与 BRUEBECK 公司业务部经理 Kerr 经过磋商签订合同后，在规定的时间内及时收到了信用证。为了保证按时、按质、按量交付约定的货物，张刚开始着手准备备货出货相关事宜。

## 知识充电站

## 一、备货

备货是出口方履行合同的关键环节，主要是进出口企业根据合同或信用证规定，向生产加工部门或供货单位下达货物生产单，相关部门按照生产单的要求，对应交的货物进行清点、加工整理、包装、刷制运输标志等工作。

在备货工作中，应注意以下几个问题：

1）货物的品质、规格。货物的品质、规格必须与合同和信用证的规定相一致。

2）货物的数量。应保证满足合同和信用证对数量的要求，备货的数量应适当留有余地，以备装运时可能发生的调换和适应舱容之用。如规定有溢短装条款，还需考虑满足溢短装的需要。

3）货物的包装和唛头（运输标志）。按合同规定的包装条件包装，核实包装是否适应保护商品和长途运输的要求，如发现包装不良或破坏，应及时进行修整或调换。同时，在外包装上应按合同规定的式样刷制唛头。

4）备货时间。应根据信用证规定，结合船期安排，预留充足的备货时间，以利于船货衔接，在信用证最迟装运期前完成装运。

5）拥有货物的所有权。卖方对所出售的货物要有完全的所有权，不得侵犯他人权利，特别是工业产权或其他知识产权。我国企业在出口业务中，也应重视对自有知识产权的保护，做好境外商标注册工作。

>  实践活动
>
> 华升公司外贸部实习生张刚收到信用证后，在着手准备货物的过程中，需要特别注意哪些方面？

## 二、出货

备货完成后，在最晚装船日期前还要完成出运工作。

### （一）租船订舱

在 CIF 或 CFR 条件下，租船订舱是卖方的主要职责之一，卖方应预留一定的时间完成租船订舱工作。若为大宗货物出口，则要对外办理租船手续；若出口货物数量不大，不需要整船装运，可由货运代理公司（简称货代）代为洽订班轮或租订部分舱位运输。租船订舱流程如图 4-2 所示。

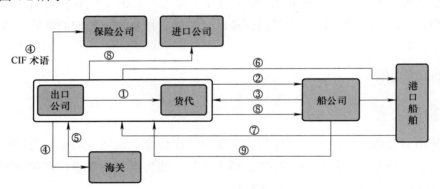

图 4-2　租船订舱流程

具体流程如下：

1）出口公司委托货代办理托运手续，提交出口货运代理委托书，并填写托运单（Shipping Note），作为订舱依据。托运单亦称"订舱委托书"，见表 4-3。

2）货代收到货运代理委托书后，缮制托运单，向船公司或其代理订舱位。

3）船公司或其代理收到货代的托运单后，审核托运单，确定装运船舶后，抽取其需各联，在托运单中的装货单（Shipping Order，S/O）一联上盖好签单章，连同其余各联退回货代。此时，承运、托运双方之间的运输合同即告成立。

4）准备装运前，托运人须先向海关办理出口报关手续，装货单是报关时必须向海关提交的单据之一。如果为 CIF 价格成交的出口合同，卖方在装船前还须及时办理保险。

5）货物经海关查验可以放行后，海关在装货单上加盖放行章。

表 4-3　订舱委托书示例

| Shipper: | | 订舱委托书 | |
|---|---|---|---|
| Consignee: | | TO:<br>我司配载贵司货物如下：<br>开船日：<br>箱型、箱量： | |
| Notify: | | 合同号：<br>运费：<br>VESSEL/VOYAGE: | |
| Port of Loading | Port of Discharge | Transshipment | Partial Shipment |
| Marks&Numbers | Description of Goods　　NO.of Packages | Gross Weight | Meas. |
| TOTAL NUMBER OF CONTAINERS OF PACKAGES: | | | |

| | 客户要求 | |
|---|---|---|
| | □送货　□产装　□代理报关　□代理报检　□投保 | |
| 产装信息 | 产装地址及预计日期：<br>单位名称：<br>地址：<br>联系人：<br>电话： | 订舱公司：<br><br>联系人：<br>电话：<br>传真： |
| 特殊要求 | | |

6）船公司凭加盖了放行章的装货单将货物装船。

7）货物装船以后，船长或大副应签发收货单（又称大副收据，Mate's Receipt，M/R），作为货物已装妥的临时收据。

8）货物装运后，出口方应立即向国外买方（进口公司）发出装船通知，以便于买方做好收货准备。托运人凭收货单向船公司或其代理交付运费并换取正式提单（B/L）。

9）船公司签发正式提单，如收货单上有大副批注，换取提单时应将该项大副批注转注在提单上。运输单据的签发日期不得迟于信用证或合同规定的最迟装运期。

（二）报关（报检）

报关是指进出口货物装船出运前向海关申报的手续。按照《中华人民共和国海关法》的规定，进出口货物应当接受海关查验。即出口货物经过海关查验放行后，才能装运出口。属于国家规定法检的商品，或合同规定必须经海关检验的商品，在货物备齐后，也必须向海关申请检验。

自 2018 年 8 月 1 日起,《入境/出境货物报检单》全面取消,将进出口报关单、报检单合并为一张报关单,采用同一个申报界面,随附一套申报单据,外贸企业只需填写一张报关单就可完成报关报检申报。经过整合,原报关、报检共 229 个申报项目合并精简至 105 个,统一了国别(地区)、港口、币制等 8 个原报关、报检共有项的代码,其中 7 个采用国家标准代码或与国家标准建立对应关系。新报关单还简化整合了进口申报随附单证,将原报关、报检 74 项随附单据合并整合成 10 项,102 项监管证件合并简化成 64 项,简化了报关报检流程,提高了通关效率。

目前,我国的出口企业在办理报关(报检)时,可以自行办理报关手续,也可以通过专业的报关行或货代来办理。无论是自行申报,还是由报关行来办理,都必须填写出口货物报关单(见表4-4),必要时,还需提供出口合同副本、发票、装箱单或重量单等其他有关证件。

表 4-4　出口货物报关单示例

| 预录入编号: | | 海关编号: | | 页码/页数: | | |
|---|---|---|---|---|---|---|
| 境内发货人 | | 出境关别 | 出口日期 | | 申报日期 | 备案号 |
| 境外收货人 | | 运输方式 | 运输工具名称及航次号 | | 提运单号 | |
| 生产销售单位 | | 监管方式 | 征免性质 | | 许可证号 | |
| 合同协议号 | | 贸易国(地区) | 运抵国(地区) | | 指运港 | 离境口岸 |
| 包装种类 | 件数 | 毛重/kg | 净重/kg | 成交方式 | 运费 | 保费 | 杂费 |

| 随附单证 | | |
|---|---|---|
| 随附单证1: | | 随附单证2: |
| 标记唛码及备注 | | |

| 项号 | 商品编号 | 商品名称及规格型号 | 数量及单位 | 单价/总价/币制 | 原产国(地区) | 最终目的国(地区) | 境内货源地 | 征免 |
|---|---|---|---|---|---|---|---|---|
| 1 | | | | | | | | |
| 2 | | | | | | | | |
| 3 | | | | | | | | |
| 4 | | | | | | | | |
| 5 | | | | | | | | |
| 6 | | | | | | | | |
| 7 | | | | | | | | |

| 特殊关系确认: | 价格影响确认: | 支付特许权使用费确认: | 自报自缴 | |
|---|---|---|---|---|
| 报关人员 | 报关人员证号 | 电话 | 海关批注及签章 | |
| 兹申明以上内容承担如实申报、依法纳税之法律责任 | | | | |
| 申报单位 | | 申报单位(签章) | | |

报关工作的全部程序分为申报、查验、放行三个阶段。在货物出口时,出口货物的发货人或者他们的代理人,应在海关规定的期限内,填写出口货物报关单以及提交相应的单据,

向海关进行申报。海关接受申报后,对出口货物进行实际的核对和检查。通过查验核对报关单证所报内容与实际发货是否相符,有无错报、漏报、瞒报、伪报等情况,同时也为征税、统计和后续管理提供可靠的监管依据。海关经过查验后,并依法办理了征收货物税费手续或减免税手续后,在有关单据上签盖放行章,货物的所有人或其代理人才能装运货物。

### (三)投保

若是按照 CIF 价格成交的出口合同,卖方需在货物装船前,按照合同和信用证的有关规定及时向保险公司办理投保手续,填制投保单。出口商品的投保手续一般都是逐笔办理的。投保人投保时,应将货物名称、保额、运输路线、运输工具、开航日期、投保险别等一一列明。保险公司接受投保后,即签发保险单或保险凭证。

>  **实践活动**
>
> 华升公司的张刚完成备货事宜后,立即着手准备出货工作,请问张刚应如何进行出货工作?

### ▶ 同步测试

**一、填空题**

1. 备货的数量应适当( ),以备调换和适应舱容之用。

2. 自 2018 年 8 月 1 日起,《入境/出境货物报检单》全面取消,进出口报检报关合并,外贸企业只需填报一张( )就可完成报检报关申报。

3. 凡属于国家规定法检的商品,在货物备齐后,应向( )申请检验。

**二、判断题**

1. 备货时间应根据信用证规定,结合船期安排,以利于船货衔接。( )

2. 所有的进出口货物必须经过检验,海关才会放行。( )

### ▶ 实训任务

华升公司与 BRUEBECK 公司签订了一份以 CIF BARCELONA 条件成交的贸易合同,请帮助华升公司外贸部实习生张刚模拟备货出货的基本环节及主要内容,并填写在下框中。

▶ **实训评价**

表 4-5  备货出货实训评价表

| 学生基本信息 | | | |
|---|---|---|---|
| 姓名 | | 组别 | |
| | | 实训指导教师 | |
| 自我评价 | | | |
| 序号 | 考核内容 | | 评价 |
| 1 | 根据销售合同，模拟备货出货的基本环节及主要内容 | | 是□ 否□ |
| 教师评价 | | | |
| 序号 | 考核内容 | | 评价 |
| 1 | 根据销售合同，模拟备货出货的基本环节及主要内容 | | 是□ 否□ |

# 任务三  制单结汇

▶ **任务导航**

华升公司新人张刚正在仔细阅读 BRUEBECK 公司通过国外银行开来的信用证。老业务员告诉张刚在完成备货出货操作后，应立即按照信用证的规定，正确缮制各种信用证要求的单据（有的单证和凭证在货物装运前应准备好），并在信用证规定的交单日期或之前，将各种单据和必要的凭证送交指定的银行办理议付手续，并向银行进行结汇。老业务员要求张刚先熟悉各种单据缮制要求，并特别提醒张刚制单时要注意各种单据应与信用证规定相符，做到"单证一致""单单一致"，以便及时、安全收汇。

▶ **知识充电站**

## 一、制作出口单据的基本要求

现代国际贸易大部分采取象征性交货方式，凭单交货、凭单付款是其主要特征。因此，在出口业务中做好单据工作，对安全及时收汇有特别重要的意义。在信用证业务中，由于银行只凭信用证、不管合同，只凭单据、不问货物，对单据的要求就更高了。总体来说，对于出口单据，应该做到正确、完整、及时、简明、整洁的要求。

### （一）正确

制作单据必须正确，才能保证安全和及时收汇。在信用证方式下，要做到"单证一致"和"单单一致"，即单据与信用证一致、单据与单据一致，各单据的内容不能相互矛盾。此外，还应注意单据与货物的实际情况要一致。

### （二）完整

必须按合同和信用证的规定提供各种单据。单据的种类、每种单据的份数和单据本身的必要项目都必须完整，不能短缺或漏列。

### （三）及时

制作单据必须及时，在信用证的有效期和交单期内送交银行办理议付结汇手续，争取尽早收汇。

### （四）简明

单据内容应按信用证规定和国际贸易惯例填制，力求简明，切勿加列不必要内容，以免弄巧成拙。

### （五）整洁

单据布局要美观、大方，缮写或打印的字迹要清楚，表面要洁净，更改的地方要加盖校对章，文字要注意规范化。有些重要单据，如提单、汇票等的金额、数量、件数、重量等主要项目，一般不宜更改。

**实践活动**

出口单证工作的总体要求是要做到哪几个一致？

## 二、常用的出口单据和凭证

### （一）汇票

严格说来，汇票（Draft）不是单据，而是一种票据，同时又是一种可以作为流通证券（Negotiable Instrument）使用的收款凭证。在出口贸易中，通常使用的是随附单据的"跟单汇票"。由于在实际业务中，凡提到"单证一致"和"单单一致"时，均把汇票当作单据的一部分，所以从这个意义上来说，汇票也是一种单据。汇票样式可参考图3-41。

扫码看视频

缮制汇票时须注意以下几个问题：

1）汇票必须列明出票根据。在信用证方式下，还应说明是根据哪家银行在何日开立的哪一份信用证出具的，或按照来证规定文句填写。采用托收方式时，则应注明有关销售合同号码。

2）付款人的名称应视不同情况正确填写。在信用证方式下，应按信用证规定，付款人的名称有开证行、代付行或进口商。如信用证未具体规定付款人名称，则可以开证行作为付款人。采用托收方式时，付款人的名称一般应为国外买方。

3）收款人应为银行。信用证方式下的汇票收款人通常应为议付行，托收方式下的收款人应为托收行。在我国出口业务中，不论是信用证方式还是托收方式，在填写收款人时，一般采用指示性的抬头。

汇票一般开具一式两份，两份具有同等效力，任何一份付讫，另一份即自动失效。汇票之所以要开具一式两份，是为了便于议付行分两次向开证行或指定付款行邮寄汇票和所附单据，以防止邮寄遗失。因此，所有单据都不能少于两份。

**实践活动**

汇票一般开具一式两份，两份是否具有同等效力？

### （二）发票

发票又称商业发票（Commercial Invoice），是出口企业开立的凭以向买方收款的发货价目清单，是供买卖双方凭以发货、收货、记账、收付货款和报关纳税的依据。在即期信用证或即期托收业务中不要求提供汇票的情况下，发票还可代替汇票作为收款依据。在凭光票收款时，为明确交易细节，一般也需附上发票。总之，发票是各种单据的中心，是所交货物的总说明，是出口企业必须提供的主要单据之一。发票示例如图4-3所示。

```
                COMMERCIAL INVOICE
                     Original
To:                                          Date:
                                        Invoice No.:
                                       Contract No.:
From           to          Letter of Credit No.
Issued by
Marks&Numbers  Description of Goods  Quantities  Unit Price  Amount

                    TOTAL:
TOTAL AMOUNT IN WORDS:
(Declaration and Other Contents)
                                         (Signature)
```

图4-3　发票示例

发票的开票日期不要与运输单据的日期相距过远。其收货人（或称发票抬头人）一般为买卖合同的买方。在信用证方式下，除信用证另有规定外，收货人一般为开证申请人。

货物的名称、规格、数量、单价、包装等项内容，必须与信用证要求完全相符，不能有任何遗漏或改动。发票上的唛头、件号、毛/净重等应与运输单据和其他单据所表示的一致。如要求将运费分别列明，则还应与实际运费相符。

发票的份数一般较多。正本不少于四份，其中两份随同提单等其他单据交银行议付款或托收，另外两份则连同提单副本径寄进口商，以便对方做好付款赎单和收货准备。此外，还须准备副本多份，除供出口企业本身留底备查，以及在出口地报关时需要外，进口商或中间商也常要求增加提供份数，以供其记账、存查等所需。

> **实践活动**
> 在整套单据中,哪种单据是各种单据的中心,是其他单据的制单依据?

### (三)装箱单和重量单

装箱单(Packing List)和重量单(Weight Memo)是商业发票的补充单据。装箱单主要用于工业产品,对每件包装内的货物名称、规格、花色等逐一作详细说明,以便进口地的海关检验,也便于进口商核对、使用和销售。装箱单又名规格明细单(Specification List)或详细包装单(Detailed Packing List)。装箱单示例见表4-6。若是以重量计价的初级产品,则多采用重量单,载明每件商品的重量,有的还分别列明每件商品的毛重、净重。重量单的作用与装箱单相同。

为简化手续,我国内地地区的外贸企业对港澳等地区的部分交易采用联合单据(Combined Form),即将发票、保险单、装箱单、重量单和产地证明书等内容合并在一张单据上。对此,国外许多银行认为这种单据不符合商业习惯,拒绝接受。因此,只能有限地使用,不宜推广。

表4-6 装箱单示例

## ABC I/E CO., LTD.
123 Huancheng Road, Jinhua, Zhejiang, China
## PACKING LIST

| To: | | | Inv. No.: | |
| --- | --- | --- | --- | --- |
| | | | Date: | |
| | | | S/C No.: | |
| From: | | To: | | |
| C/No. | No. & Kind of Pkgs | Description of Goods, Packing, Quantities, etc. | Gross Weight | Net Weight | Measurement |
| | | | | | |
| | | | | | |

ABC I/E CO., LTD.<br>×××(章)

> **实践活动**
> 哪种单据是商业发票的补充?

### (四)提单

不同的运输方式有不同的运输单据。提单(Bill of Lading,B/L)是指用以证明海上货物运输合同和货物已经由承运人接收或装船,以及承运人保证据

扫码看视频

以交付货物的单据。提单必须由承运人或其代理人签发，并根据具体情况注明货物已装船或已收妥待运或已经接受监管。提单示例见表 4-7。

表 4-7　提单示例

| Shipper | | | B/L No. | |
|---|---|---|---|---|
| | | COSCO | CARRIER | |
| Consignee | | \multicolumn{3}{l}{**COSCO CONTAINER LINES**} |
| | | \multicolumn{3}{l}{Port-to-Port or Combined Transport} |
| Notify Party | | \multicolumn{3}{l}{**BILL OF LADING**} |
| | | \multicolumn{3}{l}{ORIGINAL} |

RECEIVED in external apparent good order and condition except as otherwise noted. The total number of packages or unites stuffed in the container, the description of the goods and the weights shown in this Bill of Lading are furnished by the Merchants, and which the carrier has no reasonable means of checking and is not a part of this Bill of Lading contract. The carrier has issued the number of Bills of Lading stated below, all of this tenor and date, one of the original Bills of Lading must be surrendered and endorsed or signed against the delivery of the shipment and whereupon any other original Bills of Lading shall be void. The Merchants agree to be bound by the terms and conditions of this Bill of Lading as if each had personally signed this Bill of Lading.
SEE clause 4 on the back of this Bill of Lading (Terms continued on the back. Hereof, please read carefully).
*Applicable Only When Document Used as a Combined Transport Bill of Lading.

| Pre-carriage by | Place of Receipt |
|---|---|
| Ocean Vessel Voy. No. | Port of Loading |
| Port of Discharge | Place of Delivery |

| Marks & Nos. Container No. | No. & Kind of Pkgs | Description of Goods | Gross Weight | Measurement |
|---|---|---|---|---|
| | | | | |
| | | | | |

Total No. of container or other pkgs or units (in words)

| Freight & Charges | Revenue Tons | Rate | Per | Prepaid | Collect |
|---|---|---|---|---|---|
| | | | | | |
| | | | | | |

| Ex.Rate | Prepaid at | Payable at | Place and date of issue: | |
|---|---|---|---|---|
| | | | NINGBO 20 NOV., 2018 | |
| | Total Prepaid | No. of B(s)/L | Signed by | COSCO CONTAINER LINES NINGBO BRANCH |
| Laden on board the vessel: | | | As agent for the carrier named above | *xx* |
| Date: | | *xx* | | |
| By: C.C.L. NINGBO | | | | |

由于提单是代表货物所有权的凭证，因而也是卖方提供各项单据中最重要的单据，所以在制作提单时必须注意提单的各项内容（如提单的种类、收货人、货物的名称和件数、目的港、有关收取运费的记载、提单的份数等）一定要与信用证相符。

除发票外的包括提单在内的一切单据上的货物名称，均可以用概括性的商品统称，不必列出详细规格，但不能与来证规定的货物特征相抵触。

提单的运费项目，在 CIF、CFR、CPT、CIP 条件下，应注明"运费已付"（Freight Prepaid）；如为 FOB、FCA 条件，则应注明"运费到付"（Freight to Collect）。除信用证另有规定外，不必列出运费具体金额。

值得注意的是，铁路运单、航空运单和邮包收据与提单不同。它们只是承运人开立的货物收据，是承运人与托运人订立的运输合同的书面证明，而不是物权凭证，因此不能经背书转让。提货也不以交出运单为条件，而是由承运人直接通知收货人，由收货人在到货通知上签字证明收妥即可。所以，出口商在发货后，即使掌握单据，也无法控制货物。为此，银行在开立信用证时，通常要求以其本身或本身的分行或代理行作为运单的收货人。

航空运单和邮包收据与铁路运单相似，货抵目的地后，收货人凭承运人的到货通知提取货物。由于航空运输到达的时间快捷，有关单证均要求随机附去，以便收货人及时办理进口手续。

> **实践活动**
> 
> 判断：由于提单是物权凭证，所以提单的格式是固定的，各国船公司不可自行制单。
> （    ）

### （五）保险单据

保险单据即保险单（Insurance Policy）或保险凭证（Insurance Certificate），是保险人（即保险公司）与被保险人（即投保人，一般为进出口商）之间订立的保险合同。当被保险货物遭受保险合同责任范围以内的损失时，保险单是被保险人索赔、保险人理赔的依据。在 CIF、CIP 合同中，出口商在向银行或进口商收款时，提交符合销售合同及 / 或信用证规定的保险单是其必不可少的义务。保险单示例如图 4-4 所示。

在国际贸易中，货物运输保险单如同提单一样，也可由被保险人背书随物权的转移而转让。

> **实践活动**
> 
> 对于常用的三种贸易术语 FOB、CFR、CIF，在哪一种贸易术语下出口商向银行结汇时需提供保险单？

## 中国人民保险公司
### THE PEOPLE'S INSURANCE COMPANY OF CHINA

总公司设于北京　　　一九四九年创立
Head Office: BEIJING　　Established in 1949

## 保 险 单
### INSURANCE POLICY

发票号码　　　　　　　　　　　　　　　　　　　　　　　　保险单号码
Invoice No.　　　　　　　　　　　　　　　　　　　　　　　Policy No.

中　国　人　民　保　险　公　司　（　以　下　简　称　本　公　司　）
This Policy of Insurance witnesses that The People's Insurance Company of China (hereinafter called "The Company")
根　据
at the request of _____
（　以　下　简　称　被　保　险　人　）的　要　求，由　被　保　险　人　向　本　公　司　缴　付　约　定
( hereinafter called the "Insured" ) and in consideration of the agreed premium paying to the Company by the
的　保　险　费，按　照　本　保　险　单　承　保　险　别　和　背　面　所　载　条　款　与　下　列
insured undertakes to insure the undermentioned goods in transportation subject to the conditions of this Policy
条　款　承　保　下　述　货　物　运　输　保　险，特　立　本　保　险　单　。
as per the Clauses printed overleaf and other special clauses attached hereon.

| 标记与号码<br>Marks & Nos. | 包装及数量<br>Packing & Quantities | 保险货物项目<br>Description of Goods | 保险金额<br>Amount Insured |
|---|---|---|---|
|  |  |  |  |

总保险金额：
Total Amount Insured:

保费　　　　　　　　　　　费率　　　　　　　　　　　装载运输工具
Premium_____　　　Rate_____　　　　Per Conveyance S.S._____
开航日期
Slg. on or abt._____　From_____　　　　To_____
承保险别
Conditions.

所　保　货　物，如　遇　出　险，本　公　司　凭　本　保　险　单　及　其　他　有　关　证　件　给　付　赔　款　。
Claims , if any, payable on surrender of this Policy together with other relevant documents.
所　保　货　物，如　发　生　本　保　险　单　项　下　负　责　赔　偿　的　损　失　或　事　故，
In the event of accident whereby loss or damage may result in a claim under this Policy immediate notice applying
应　立　即　通　知　本　公　司　下　述　代　理　人　查　勘　。
for survey must be given to the Company's Agent as mentioned hereunder.

赔款偿付地点及币种　　　　　　　日期
Claim payable at_____　　Date_____

图 4-4　保险单示例

### （六）产地证明书

一般原产地证书（商会产地证）（Certificate of Origin，C/O）和普惠制原产地证书（Generalized System of Preferences Certificate of Origin，G.S.P C/O）都是一种证明商品的原

产国别的证书。其中，普惠制原产地证书是当商品出口到给予普惠制的国家时所应提供的原产地证书，外贸实践中普惠制原产地证书格式 A 使用范围较广。在我国一般原产地证书通常由中国国际贸易促进委员会签发或海关（出入境检验检疫部门）签发；而普惠制原产地证书则由海关（出入境检验检疫部门）签发。一般原产地证书示例见表 4-8。

表 4-8 一般原产地证书示例

| 1. Exporter | Certificate No. |
|---|---|
|  | **CERTIFICATE OF ORIGIN OF THE PEOPLE'S REPUBLIC OF CHINA** |
| 2. Consignee | |
| 3. Means of transport and route | 5. For certifying authority use only |
| 4. Country / region of destination | |

| 6. Marks & Nos. | 7. Number and kind of packages; description of goods | 8. H. S. Code | 9. Quantities | 10. Number and date of invoice |
|---|---|---|---|---|
|  |  |  |  |  |

| 11. Declaration by the exporter | 12. Certification |
|---|---|
| The undersigned hereby declares that the above details and statements are correct, that all the goods were produced in China and that they comply with the Rules of Origin of the People's Republic of China. | It is hereby certified that the declaration by the exporter is correct. |
| ×××（手签） | 浙江省贸促会（商会）（章）<br><br>×××（手签） |
| Place and date, signature and stamp of authorized signatory | Place and date, signature and stamp of certifying authority |

> ✏️ **实践活动**
>
> 判断：海关（出入境检验检疫部门）可以接受对外贸易关系人的申请，依照有关法律、行政法规的规定签发普惠制原产地证书和一般原产地证书。（　　）

## 三、我国出口结汇的具体做法

出口方制作完全部单据后，在信用证的有效期内，将全套单据交给议付行办理议付和结汇手续。结汇是指议付行接到单据审核无误后，将出口方所得的外汇货款按结汇日的外汇牌价兑换成人民币，存入出口方的账户。具体的结汇方式有收妥结汇、定期结汇和出口押汇。

### （一）收妥结汇

收妥结汇又称先收后结，是指议付行收到出口方递交的全套单据后，经审查无误，将单据寄交国外的开证行或付款行索要货款，在收到对方的付款后，即按当日外汇牌价，将货款兑换成人民币，存入出口方账户。

在收妥结汇方式下，议付行不需要垫付资金，不承担风险，但出口方收汇较慢。

### （二）定期结汇

定期结汇是指议付行根据向国外付款行索汇函电往返需要的时间，预先确定一个固定的结汇期限（例如银行审单认可后 7 天或 14 天不等），到期不管是否收到货款，都会主动将货款兑换成人民币记入出口方账户。

### （三）出口押汇

出口押汇又称买单结汇，即国际上银行界通常采用的"议付"做法，是指议付行审核出口方的单据无误后，按信用证的条款买入信用证受益人（出口方）的全套单据和汇票，按照票面金额扣除手续费和从议付日到估计收到票款之日的利息，将余款按议付日外汇牌价折成人民币，付给受益人。议付行买入跟单汇票后，就成为汇票持有人，即可凭汇票向信用证指定的国外付款行或偿付行索取票款。

这种结汇方式是出口地银行对外贸企业的资金融通，银行承担了一定的风险，但出口方得到了资金的融通，有利于资金的周转，扩大出口业务。

> ✏️ **实践活动**
>
> 我国出口结汇的基本做法有（　　）。
> A. 收妥结汇　　　B. 定期结汇　　　C. 出口押汇

▶ **同步测试**

一、填空题

1. 商业发票的英文表达为（　　）；汇票的英文表达为（　　）；提单的英文表达为（　　）。

2. Weight Memo 指单据（    ）；G.S.P C/O 指单据（    ）；Insurance Certificate 指单据（    ）。

3. 对出口单据的要求是（    ）、（    ）、（    ）、（    ）和（    ）。

4. 在整套单据中（    ）是各种单据的中心，是所交货物的总说明。

二、判断题

1. 出口押汇与收妥结汇方式相比，后者更有利于出口方资金的周转。（    ）

2. 信用证项下所有单据都不能少于两份。（    ）

3. 运输单据是代表货物所有权的凭证，因而可以背书转让。（    ）

▶ 实训任务

请根据华升公司与 BRUEBECK 公司拟定的销售确认书，帮助华升公司外贸部实习生张刚列出向银行结汇所需的单据和票据。

## 金华华升服饰有限公司
## Jinhua Huasheng Fashion Co., Ltd.
No.1108 Zhongshang Road, Jinhua, Zhejiang Province

## 销售确认书
## SALES CONFIRMATION

To:

BRUEBECK TRADING Co., Ltd.　　　　　　S/C No.: BRUE20130920
Paseo de Gracia 82　　　　　　　　　　　Date: SEP 30., 2022
Barcelona
Spain

This sales contract is made between the sellers and buyers whereby the sellers agree to sell and the buyers agree to buy the undermentioned goods according to the terms and conditions stipulated below:

| Description of Goods | Quantities | Unit Price | Amount |
|---|---|---|---|
| Ladies Shirt,　Fabric: 100% cotton | | | CIF BARCELONA |
| 　　WHITE | 4800 PCS | @USD 6.80/PC | USD 32640.00 |
| 　　CORAL | 4800 PCS | @USD 6.80/PC | USD 32640.00 |
| TOTAL: | 9600 PCS | | USD 65280.00 |
| 3% MORE OR LESS AMOUNT AND QUANTITY ARE ALLOWED. | | | |

| | |
|---|---|
| **Total amount in words** | SAY U. S. DOLLARS SIXTY-FIVE THOUSAND TWO HUNDRED AND EIGHTY ONLY. |
| **Packing** | Flat pack, Assorted colors/sizes, 12 pcs/ctn |
| **Delivery** | Sea freight from Shanghai to Barcelona allowing partial shipment and transshipment |
| **Shipping Marks** | BRUEBECK / BRUE20130920/ BARCELONA /NO.1-800 |
| **Time of Shipment** | On or before DEC. 31, 2022 |
| **Terms of Payment** | L/C at sight |
| **Insurance** | To be effected by the sellers for 110 pct of the invoice value covering all risks and war risk of PICC |

**Documents required**

1. Signed invoice in triplicate
2. Full set clean on board Bill of Lading made out to order blank endorsed notify the buyer
3. Insurance policy in duplicate
4. Packing list in triplicate
5. Certificate of origin in duplicate issued by a relevant authority

**The Seller**　　　　　　　　　　　　　　　　**The Buyer**
Jinhua Huasheng Fashion Co., Ltd.　　　　BRUEBECK TRADING Co., Ltd.
签署 *王平*　　　　　　　　　　　　　　　Signature *White Brown*

请将向银行结汇所需的单据和票据清单填入表4-9中。

表4-9 单据和票据清单

| 序号 | 单据或票据（英文） | 单据或票据（中文） |
|---|---|---|
| 1 | | |
| 2 | | |
| 3 | | |
| 4 | | |
| 5 | | |
| 6 | | |
| 7 | | |

## ▶ 实训评价

表4-10 结汇所需单据和票据清单实训评价表

| 学生基本信息 | | | |
|---|---|---|---|
| 姓名 | | 组别 | |
| | | 实训指导教师 | |
| 自我评价 | | | |
| 序号 | 考核内容 | | 评价 |
| 1 | 根据销售合同，判断结汇所需单据和票据 | | 是□ 否□ |
| 教师评价 | | | |
| 序号 | 考核内容 | | 评价 |
| 1 | 根据销售合同，判断结汇所需单据和票据 | | 是□ 否□ |

# 模块五 核算外贸效益

## 学习目标

### 知识目标

1. 了解价格换算的意义以及佣金、折扣的含义。
2. 了解出口换汇成本的含义以及核算的意义。
3. 了解出口盈亏额和出口盈亏率的含义。

### 能力目标

1. 能够掌握价格换算的方法，掌握佣金、折扣的计算方法。
2. 能够掌握出口换汇成本的核算方法。
3. 能够掌握出口盈亏额和出口盈亏率的核算方法。

### 素养目标

提高学生的数据分析能力，培养学生严谨求实的工作态度。

请参照图 5-1 所示思维导图和表 5-1 中的学习任务开展实践活动。

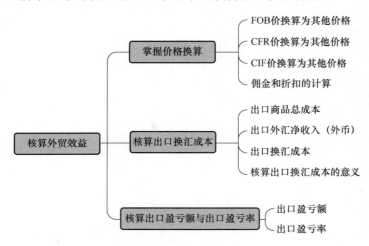

图 5-1　核算外贸效益思维导图

## 模块五 核算外贸效益

表 5-1 核算外贸效益学习任务

| 序号 | 学习任务 | 学习任务简介 | 学习要点 | 实践活动 |
|---|---|---|---|---|
| 1 | 掌握价格换算 | 根据外贸企业工作要求，学习 FOB、CFR、CIF 三种价格的换算公式，掌握价格核算方法；学习佣金和折扣的相关内容，掌握计算方法 | 1. FOB 价换算为其他价格<br>2. CFR 价换算为其他价格<br>3. CIF 价换算为其他价格<br>4. 佣金和折扣的计算 | 结合实际案例完成三种贸易术语的价格换算；完成佣金和折扣的计算 |
| 2 | 核算出口换汇成本 | 根据外贸企业工作要求，学习出口换汇成本的相关内容，掌握核算方法 | 1. 出口商品总成本<br>2. 出口外汇净收入（外币）<br>3. 出口换汇成本<br>4. 核算出口换汇成本的意义 | 结合实际案例核算出口换汇成本 |
| 3 | 核算出口盈亏额与出口盈亏率 | 根据外贸企业工作要求，学习出口盈亏额与出口盈亏率的相关内容，掌握核算方法 | 1. 出口盈亏额<br>2. 出口盈亏率 | 结合实际案例核算出口盈亏额与出口盈亏率 |

# 任务一　掌握价格换算

## ▶ 任务导航

华升公司收到西班牙进口商发来的电邮，要求我方将报价改报为 CFR BARCELONA。外贸部经理将此任务交给了张刚，将 CIF BARCELONA 改报为 CFR BARCELONA，他该如何操作呢？

## ▶ 知识充电站

在进出口贸易中，价格问题最为敏感，也最为复杂。在出口交易磋商时，有时卖方在报出一种贸易术语的价格时，买方会要求其改报其他术语的价格。

在进出口贸易中，不同贸易术语的价格构成因素不同。例如，FOB 术语中不包括从装运港至目的港的运费和保险费；CFR 术语中包括从装运港至目的港的运费；CIF 术语中则包括从装运港至目的港的运费以及保险费。

扫码看视频

了解贸易术语的价格构成及其换算方法，是外贸人员必须掌握的基本知识和技能。下面以 FOB、CFR、CIF 三种术语为例进行介绍。

## 一、FOB 价换算为其他价格

CFR 价=FOB 价+运费

CIF 价=（FOB 价+运费）/（1−保险费率×投保加成）

## 二、CFR 价换算为其他价格

FOB 价=CFR 价−运费

CIF 价=CFR 价/（1−保险费率×投保加成）

### 实践活动

华升公司出口一批服装，报价为 CFR BARCELONA，USD 5.8/PC，共 9600 PCS，现国外客户要求改报 CIF 价。请问在不影响收汇的前提下，华升公司应报价多少？（注：按发票金额的 110%投保，保险费率为 0.5%）

## 三、CIF 价换算为其他价格

FOB 价=CIF 价×（1-保险费率×投保加成）-运费

CFR 价=CIF 价×（1-保险费率×投保加成）

### 实践活动

华升公司出口一批服装，报价为 CIF BARCELONA，USD 6.8/PC，共 9600 PCS，按发票金额的 110%投保一切险和战争险，两者费率合计 0.88%，现国外客户要求改报 CFR 价。请问在不影响收汇的前提下，华升公司应报价多少？

## 四、佣金和折扣的计算

净价=含佣价-佣金

含佣价=净价/（1-佣金率）

折扣额=原价（或含折扣价）×折扣率

扫码看视频

佣金通常以英文字母 C 表示。例如，每吨 1000 美元 CFR 西雅图包含佣金 2%，可写成每吨 1000 美元 CFRC2 西雅图。其中的 C2 即表示佣金率为 2%。

### 实践活动

1. 华升公司出口一批服装，报价为 CIFC2 BARCELONA，USD 6.8/PC，共 9600 PCS。请问这批货物的净价是多少？应付给中间商多少佣金？

2. 一笔出口交易总金额为 USD 9600.00，现客户要求给予 2%的折扣，因考虑到市场行情不好，我方出口企业应允了客户要求。请问这笔交易的折扣额是多少？

### 同步测试

一、判断题

1. CIF 价格构成中的保险费是以 FOB 价格为基础计算的。　　　　　　　　（　　）

2. 大连某进出口公司对外以 CFR 报价，如果该公司采用多式联运，应采用 FCA 术语。　　　　　　　　　　　　　　　　　　　　　　　　　　　　　　（　　）

3. CIF 报价和 CFR 报价相比，CIF 报价中包含了保险费。　　　　　　　　（　　）

4. 出口报价时，如果报的是含佣价，净价一定比含佣价数额大。　　　　　（　　）

## 二、计算题

1. 某公司出口一批货物，CIF 发票金额为 45500 英镑，按合同规定投保加一成，险别为水渍险，保险费率为 0.5%，现客户要求改报为 CFR 价，该公司应报价多少？

2. 我方某进出口公司对德国企业报价为每吨 6000 欧元 CFR 汉堡，而德国客商来电要求改报为 CIF 汉堡，投保加成为 110%，保险费率合计为 0.88%，我方同意照办，则我方报价应改为多少？（计算结果保留两位小数）

3. 我方某进出口公司对美国企业报价为 CIFC2 New York, USD 2000/MT，外商要求将佣金率提高至 4%。为使净收入不变，我方应报价多少？

### 实训任务

华升公司收到西班牙进口商发来的电邮，要求将报价改为 FOB SHANGHAI。经查上海到西班牙巴塞罗那 1 个 40 英尺[①] 集装箱的海运费为 USD 11600。原报价为 USD 6.80/PC，CIF BARCELONA，共 9600 PCS。投保一切险和战争险，保险费率合计为 0.88%。华升公司的报价应改为多少？请在下框填写计算过程。

### 实训评价

表 5-2  价格换算实训评价表

| 学生基本信息 | | | |
| --- | --- | --- | --- |
| 姓名 | | 组别 | |
| | | 实训指导教师 | |
| 自我评价 | | | |
| 序号 | 考核内容 | | 评价 |
| 1 | 能掌握 CIF 价改报为 FOB 价的方法 | | 是□　否□ |
| 教师评价 | | | |
| 序号 | 考核内容 | | 评价 |
| 1 | 能掌握 CIF 价改报为 FOB 价的方法 | | 是□　否□ |

---

① 1 英尺=0.3048m。

## 任务二　核算出口换汇成本

### 任务导航

根据已知计算结果，华升公司与 BRUEBECK 公司的成交总价为 CIF BARCELONA 65280 美元，华升公司安排运输并支付运费 11600 美元，并向中国人民保险公司支付保险费 632 美元，经查当日银行外汇买入价为 100 美元=666 元人民币。

### 知识充电站

### 一、出口商品总成本

出口商品总成本包括出口商品购进价和出口国内费用两部分。出口商品购进价是指用于购进出口商品的价格，又称为购货合同价格。商品流通实行增值税制度，购买商品除了要支付商品本身价格外，还要缴纳增值税，增值税税率因不同的商品而不同。因此，出口商品购进价（含增值税）的计算公式如下：

扫码看视频

出口商品购进价（含增值税）=购货合同价格×（1+增值税税率）

出口国内费用在出口业务中又被称为定额费用，它是指出口企业就某一商品的出口，从与国外进口商进行交易磋商起，一直到商品出口、收取货款为止，除出口商品购进价外所发生的一切费用开支。定额费用主要包括银行费用、银行利息、邮电通信费、工资支出、交通费、仓储费、国内运输费、码头费用、差旅费、招待费、单证认证费、商品检验费及捐税等。定额费用由于名目繁多，计算方法各异，故逐项计算非常繁杂。通常，企业在业务中根据以往核算按不同商品自行确定一个费率（如 5%~15%），从而使计算简便、易于操作。定额费用的计算公式如下：

定额费用=出口商品购进价（含增值税）×费用定额率

许多国家为了鼓励出口，对部分出口商品实行退税制度，即在商品出口后，对商品在国内各流通环节征收的增值税给予一定比例的退还。退税率以国家税务总局规定的不同类别商品出口退税率为准。出口退税收入的计算公式如下：

出口退税收入=出口商品购进价（含增值税）/（1+增值税税率）×出口退税税率

出口退税是被世界贸易组织认可的一种国家进行行业扶植、补贴出口、鼓励出口的措施，可以降低企业出口成本，提高企业出口商品竞争力。核算成本时，应将出口退税收入计入出口总成本，出口总成本就会有一定程度的下降。实际的出口商品总成本计算公式如下：

出口商品总成本=出口商品购进价（含增值税）+定额费用-出口退税收入

例 1：某外贸公司出口一批农产品，总值为 19000 美元 CIF 纽约，其中上海至纽约的运费和保险费各占 CIF 的 8%和 7%。这批货物的国内进货价为 113000 元人民币（含增值税

13%），该公司的定额出口费用率为进货价的 5%，出口退税税率为 9%。试计算：

（1）这批农产品的定额费用是多少？

（2）这批农产品的出口退税收入是多少？

（3）这批农产品的出口总成本是多少？

解：（1）定额费用=出口商品购进价（含增值税）×费用定额率

=113000×5%

=5650（元）

（2）出口退税收入=出口商品购进价（含增值税）/（1+增值税税率）×出口退税税率

=113000/（1+13%）×9%

=9000（元）

（3）出口商品总成本=出口商品购进价（含增值税）+定额费用−出口退税收入

=113000+5650−9000

=109650（元）

 实践活动

耀诚外贸有限公司（贸易型出口企业）出口一批含增值税的商品，在核算出口成本时，计算出口退税款的基本公式是：（　　　）×出口退税税率。

A. 含增值税进货价　　　　　　　　B. 增值税完税价格

C. FOB 出口价　　　　　　　　　　D. 实际出口成本

## 二、出口外汇净收入（外币）

出口外汇净收入是指出口商品无论是按 FOB、CFR 或 CIF 中哪种术语成交，都将实际报价换算到 FOB 所对应的收入部分。如以 CIF 价格成交，需扣除国外运费和保险费等劳务费用支出；如以含佣金价成交，还要扣除佣金。

 实践活动

决定 FOB 报价的主要因素是（　　　）。

A. 国内进货价、国内费用率、增值税税率、出口盈亏率

B. 出口换汇成本、出口退税税率、国内费用率、预期出口利润率

C. 国内进货价、出口退税税率、国内费用率、预期出口利润率

D. 增值税税率、出口退税税率、国内费用率、出口创汇率

## 三、出口换汇成本

出口换汇成本是指在商品出口中，换回一单位外汇需要多少人民币成本，它表示出口

的换汇能力。出口换汇成本是衡量外贸企业和进出口交易盈亏的重要指标。一般而言，企业出口换汇成本越低，其盈利越多。换汇成本如高于银行的外汇牌价，则出口为亏损；反之，则说明有盈利。出口换汇成本的计算公式如下：

出口换汇成本=出口商品总成本（人民币）/出口外汇净收入（外币）

例2：接例1，这批农产品的FOB出口外汇净收入是多少？这批农产品的出口换汇成本是多少？（计算结果保留至小数点后两位）

解：（1）FOB出口外汇净收入=CIF价−（运费+保险费）
$$=19000-19000\times(8\%+7\%)$$
$$=16150（美元）$$

（2）出口换汇成本=出口商品总成本（人民币）/出口外汇净收入（外币）
$$=109650/16150$$
$$\approx 6.79（元人民币/美元）$$

## 四、核算出口换汇成本的意义

核算出口换汇成本的意义如下：

1）比较不同种类出口商品的换汇成本，以便调整出口商品的结构，即多出口换汇成本低的商品以提高收益率。

2）比较同类商品出口到不同国家或地区的换汇成本，可以作为选择销售市场的一个依据。

3）比较同类商品不同时期的换汇成本，以便对出口措施进行分析。

> **实践活动**
>
> 1. 出口换汇成本是什么？
>
> 2. 在一笔出口交易中，计算出的出口换汇成本为6.3元人民币/美元，如果当时外汇牌价为1美元折合6.9元人民币，则出口1美元的该商品取得（　　　）人民币的盈利。

## ▶ 同步测试

### 一、单选题

1. 出口换汇成本高于当时的外汇牌价时，说明该次出口（　　　）。
   A．亏损　　　　　　B．盈利　　　　　　C．不能确定

2. 关于换汇成本的计算公式，以下说法正确的是（　　　）。
   A．出口人民币总成本指的是CIF人民币价
   B．出口外汇净收入指的是CIF外汇净收入
   C．出口人民币总成本指的是CFR人民币价
   D．出口外汇净收入指的是FOB外汇净收入

## 二、判断题

1. 出口商品的换汇成本越高,外贸企业的盈利越大。　　　　　　　　　　(　　)
2. 换汇成本高的商品,其换汇率就低;而换汇率高的商品,其换汇成本就低。
(　　)

## 三、案例分析

婺源对外贸易公司外销一批货物至日本,出口总价为 10 万美元 CIFC3 横滨,其中从中国口岸至横滨的运费和保险费占该总价的 7%。这批货物的国内进货价为人民币 678000 元(含增值税 13%),该外贸公司的费用定额率为 5%,出口退税税率为 9%。假设结汇时银行外汇买入价为 1 美元折合人民币 7.85 元,试计算这笔出口交易的换汇成本。(换汇成本计算应精确到小数点后两位)

> **实训任务**

请帮助华升公司与 BRUEBECK 公司核算本次交易的出口换汇成本,并填入下框中(华升公司购货合同价格为 288850 元人民币,公司规定的费用定额率为 6%。经查得知女士衬衫适用的增值税税率为 13%,出口退税税率为 13%)。

> **实训评价**

表 5-3　核算出口换汇成本实训评价表

| 学生基本信息 | | | |
|---|---|---|---|
| 姓名 | | 组别 | |
| | | 实训指导教师 | |
| 自我评价 | | | |
| 序号 | 考核内容 | | 评价 |
| 1 | 结合案情核算出口换汇成本 | | 是□　否□ |
| 教师评价 | | | |
| 序号 | 考核内容 | | 评价 |
| 1 | 结合案情核算出口换汇成本 | | 是□　否□ |

## 任务三　核算出口盈亏额与出口盈亏率

### ▶ 任务导航

根据已知计算结果，华升公司与 BRUEBECK 公司的成交总价为 FOB 上海 53048 美元，经查当日银行外汇买入价为 100 美元=666 元人民币。

### ▶ 知识充电站

### 一、出口盈亏额

出口盈亏额是指出口销售人民币净收入与出口总成本的差额。出口销售人民币净收入大于出口总成本的叫盈余；反之叫亏损。其中，出口销售人民币净收入是指出口销售外汇净收入（FOB）按当时的外汇牌价折成人民币的数额。

扫码看视频

例 1：蓝天对外贸易公司向阿联酋出口汽车音响设备 1200 套，每套对外报价为 45 美元 CPT 迪拜。已知从杭州经上海港至迪拜港总计支付集装箱运费 2700 美元。该外贸公司从工厂进货的价格为每套 282.50 元人民币（含 13%的增值税），平均每套国内费用为 12.50 元人民币，出口退税税率为 9%，结汇时银行外汇买入价为 1 美元折合人民币 6.51 元。试计算每套汽车音响设备的盈亏额为多少。（计算结果保留至小数点后两位）

解：（1）出口退税收入=出口商品购进价（含增值税）/（1+增值税税率）×出口退税税率

=282.50/（1+13%）×9%=22.50（元）

（2）每套出口人民币总成本=每套进货价+每套国内费用−出口退税收入

=282.50+12.50−22.50=272.50（元）

（3）每套出口美元净收入=每套 CPT 价−每套运费=45−2700/1200=42.75（美元）

（4）每套出口人民币净收入=6.51×42.75≈278.30（元）

（5）出口盈亏额=每套出口人民币净收入−每套出口人民币总成本

=278.30−272.50=5.80（元）

### 二、出口盈亏率

出口盈亏率是盈亏额与出口总成本的比率，用百分比表示。它是衡量出口盈亏程度的一项重要指标。出口盈亏率的计算公式为：

出口盈亏率=（出口销售人民币净收入−出口总成本）/出口总成本×100%

例 2：接例 1，每套汽车音响设备的盈亏率为多少？（计算结果保留至小数点后两位）

每套出口盈亏率=每套出口盈亏额/每套出口总成本×100%

=5.80/272.50×100%

≈0.02%

## 实践活动

出口盈亏率是出口盈亏额在出口人民币净收入中所占的百分比,这种说法是否正确?

## 同步测试

### 一、填空题

1. 出口盈亏率指标说明( )在( )中所占的百分比,正值为( ),负值为( )。
2. 出口盈亏额是( )和( )的差额。

### 二、判断题

1. 出口盈亏率是出口盈亏额在出口外汇净收入中所占的百分比。( )
2. 盈亏率与盈亏额都和盈利水平成正比。( )

### 三、案例分析

宁波新日外贸公司欲向美国出口 200 箱血压计,每箱装 5 台,每台对外报价为 50 美元 CFR 纽约。已知从宁波港至纽约港总计支付运费 2500 美元,该外贸公司从工厂进货每台 282.50 元人民币(含 13%的增值税),出口退税税率为 9%,商检费共 5000 元人民币,国内运输、公司办公等其他费用共计 7500 元人民币。假设结汇时银行外汇买入价为 1 美元折合人民币 6.50 元,银行外汇卖出价为 1 美元折合人民币 6.70 元。试计算:

(1)每箱商品的盈亏额为多少?
(2)每箱商品的盈亏率为多少?(计算结果保留至小数点后两位)

## 实训任务

请帮助华升公司与 BRUEBECK 公司核算本次交易的出口盈亏额与出口盈亏率,并填写在下框中。

## 实训评价

表 5-4 核算出口盈亏额与出口盈亏率实训评价表

| 学生基本信息 | | | |
|---|---|---|---|
| 姓名 | | 组别 | |
| | | 实训指导教师 | |
| 自我评价 | | | |
| 序号 | 考核内容 | | 评价 |
| 1 | 结合案情核算出口盈亏额与出口盈亏率 | | 是□ 否□ |
| 教师评价 | | | |
| 序号 | 考核内容 | | 评价 |
| 1 | 结合案情核算出口盈亏额与出口盈亏率 | | 是□ 否□ |

# 附　　录

## 附录 A 《国际贸易术语解释通则》2020 版本主要修订解读

2019 年 9 月 10 日，国际商会在法国巴黎正式向全球发布 2020 版本《国际贸易术语解释通则®》（简称《Incoterms®2020》），该通则于 2020 年 1 月 1 日正式生效。

国际商会于 1936 年首次推出《国际贸易术语解释通则》，在进出口业务中得到广泛应用。它详细规定了每个国际贸易术语进出口双方的风险、责任和费用的划分。贸易双方在进行合同磋商时选择某个术语，依照此解释就可以清楚知道双方各自应该承担的责任、负担的费用及风险。这一国际贸易惯例的普遍应用有效地减少了双方谈判的内容，并降低了谈判难度，在后续合同履行过程中也可以有效减少双方的分歧。

为了适应国际贸易的不断发展和变化，国际商会每十年就会做一次修订，之前是 2010 年的版本。最新版的《Incoterms®2020》中新增了一个术语 DPU，删除了原来的 DAT 术语。一增一减之后仍然保持 11 个术语，并且仍然按照各术语适用的不同运输方式分为两组。分别是：

第一组：只适用于水上运输方式的 FAS、FOB、CFR 和 CIF。

第二组：适用于所有运输方式的七个术语，即 EXW、FCA、CPT、CIP、DAP、DPU、DDP。

与 2010 版本《国际贸易术语解释通则》（简称《Incoterms®2010》）相比较，新版本有以下几个比较明显的变化。

### 一、FCA 术语明确要求买方配合签发已装船提单

FCA（Free Carrier，货交承运人）术语是由买方与他选择的承运人订立运输合同，卖方按照买方指示的时间、地点和方式将货物交给他指定的承运人，承运人收货后即完成交货的一种贸易术语。这一术语可以适用于任何运输方式，也包括海运。FCA 是一种比较典型的象征性交货术语，即卖方将货物交给买方指定的承运人，承运人收货后卖方的交货任务就完成了，货交承运人后货物运输过程中的风险转移给买方。

如果货物后续将用海运方式运往目的地，使用 FCA 术语与最传统的 FOB 术语相比较有以下几个明显的好处：卖方风险可以提前转移给买方（FCA 术语货物交给承运人后风险就转移了；而 FOB 术语货物装上船后风险才能转移）；买方购买的货物运输保险可以提早覆盖（FOB 术语买方购买运输保险，实际责任起讫范围是装船后到进入收货人仓库；FCA 术语同样是买方购买运输保险，实际责任起讫范围是货交承运人后到进入收货人仓库），也

就是在货交承运人后到实际装船的这一段时间也覆盖进去了。

出于对这两点好处的考量,一般在面临 FOB 与 FCA 的选择时,卖方都会优先选择 FCA 术语。但使用 FCA 术语时会出现一个问题:卖方将货物交给承运人后,虽然此时卖方交货责任已经完成,但此时货物尚未装船,如果卖方需要提单,承运人只能签发备运提单,导致卖方不能取得已装船提单的情况。等货物实际完成装船后再要求承运人签发已装船提单就可能遇上对方不配合的情况。

尤其是双方约定使用信用证这一付款方式时,这一问题会更加明显。信用证通常要求卖方提交全套清洁已装船提单;如果卖方无法取得已装船提单,就无法顺利交单议付。而在使用 FCA 术语时,卖方的交货义务在货物交给承运人也就是在货物装船前已经完成,因此,如果承运人不配合,卖方无法从承运人处获得已装船提单。为解决这个矛盾,最新版本的《Incoterms®2020》在 FCA 术语 A6/B6 中增加了一个附加选项,即买卖双方可以约定"买方有义务指示其承运人在货物装船后向卖方签发已装船提单",卖方随后方才有义务向买方(通过银行)提交已装船提单。这个新增的附加选项可以确保卖方在货物装船后能顺利取得已装船提单,卖方通过这种约定就能够保障自己的正当权益。这一新增的附加规定是对买方作为合同托运人时对卖方(实际托运人)的一种保护措施,卖方应该善加运用。

## 二、CIP 术语的默认保险险别调整为《协会货物条款》A 险

在《Incoterms®2010》中,CIF(成本加保险费加运费)和 CIP(运费和保险费付至)术语都规定由卖方购买货物运输保险,并支付保险费。对于所买险别则规定至少应当符合《协会货物条款》(Institute Cargo Clauses,ICC)的"Clauses C"[ICC 条款(C)]或类似条款的最低险别;对应中国保险条款(CIC)的平安险。《协会货物条款》ICC(C)险采用"列明风险"的方法,保险人只对列明的风险导致的损失和费用负赔偿责任。该险别承保责任范围较小,保险费率相对其他险种来说是最低的,卖方的保费负担较小。

在《Incoterms®2020》中就这一规定也进行了调整:对 CIF 术语维持现状,即默认保险险别为《协会货物条款》ICC(C),但当事人可以协商选择更高级别承保范围的险种;对于 CIP 术语,则变更为卖方必须投保符合《协会货物条款》ICC(A)承保范围的保险,但当事人可以协商选择更低级别的险种。

《协会货物条款》ICC(A)的承保责任范围比 ICC(C)要大。ICC(A)的承保责任范围采用的是"一切风险减除外责任"的办法,除了"除外责任"项下所明确列明的风险保险人不予负责外,其他风险均予负责。由于 ICC(A)承保责任范围比 ICC(C)要大,所以费率也比 ICC(C)高[通常约为 ICC(C)的一倍]。这一改变对于保险的实际受益人买方而言当然是获益的,但 CIP 术语的卖方在投保时会因为这一改变多支付保险费。

出口商采用 CIP 术语时一定要注意这个变化:一是报价时要注意保险费率的不同,在计算出口报价时应该相应调高报价,并向买方说明调价的理由;二是注意在投保时保险险

别一定不能出错,在合同没有另外的特别约定时必须投保 ICC(A)。尤其是用信用证结算时更加要注意到这个变化,否则很可能因为投保险别不符合新规则的要求而被银行拒付。

### 三、去掉了 DAT 术语,新增 DPU 术语

《Incoterms®2010》中,以 D 开头的有三个术语:DAT、DAP 和 DDP。其中,DAT 与 DAP 两个术语都是 2010 版本新增加的术语。其中的 TERMINAL(运输终端)一词含义模糊,国际商会的使用指南还专门做了解释,但是在使用过程中还是容易发生歧义。并且 DAT、DAP 这两个术语的区别不大,容易混淆,2020 版本在这个术语上做出改变是早就可以预期的。

在《Incoterms®2020》中,国际商会去掉了 DAT 术语,新增了 DPU 术语,并且将它置于 DAP 之后。国际商会强调其中的 PLACE(目的地)可以是任何地方而不仅仅是"运输终端",这一改变更加符合买卖双方的交易习惯和表达。新的排序也使卖方的责任递进更加一目了然(DAP→DPU→DDP),卖方的责任层层递进,非常容易接受和理解。并且 DAP 和 DPU 的区别从术语的英文全称及缩写都可以清晰辨别,不容易混淆。

### 四、FCA、DAP、DPU 及 DDP 允许卖方/买方使用自己的运输工具

由于在传统的进出口业务中,进出口双方基本没有自行负责运输的情形,所以《Incoterms®2020》之前的版本中都默认国际货物运输一定是由第三方承运人来完成的。但近年来这种情况有所变化,卖方或者买方使用自己的运输工具运输货物的情形变得越来越常见,尤其是一些大的跨国公司多样化经营后很多都开始有自己的运输和物流公司。《Incoterms®2020》中也充分考虑到了这种情况,即卖方和买方之间的货物运输可能不涉及第三方承运人,而由自己负责运输的情形。因此,在 FCA 中,买方可以使用自己的运输工具(汽车尤为常见)收货并运输至目的地。同样的,DAP、DPU 及 DDP 中,也允许卖方使用自己的运输工具将货物运至指定的目的地完成交货。

这一改变体现了国际商会与时俱进的精神,他们一直在注视着国际贸易方方面面的变化,及时在新版本中做出相应的更新。

### 五、在运输责任及费用划分条款中增加安保要求

《Incoterms®2010》各术语的 A2/B2 及 A10/B10 中也简单提及了安保要求。但由于近年国际安全形势及反恐等需求的不断提升,对国际货物运输的安保要求越来越严格,与之相对应的费用支出和责任也不容忽视。为了因应这种情况,《Incoterms®2020》在各个术语的 A4"运输合同"及 A7"出口清关"中对安保要求做出了更加明确的规定;因安保要求增加的成本,也在 A9/B9 费用划分条款中做出了更明确的规定。

可以预期的是,随着全球安全形势的多变和各国各地区对安保的要求越来越严格,安

保费用的支出会越来越高。出口商在报价的时候要充分了解这些费用导致的成本增加和货物可能面临的额外风险。

### 六、费用划分条款的调整

在《Incoterms®2020》中将费用划分条款改列在各术语的 A9/B9 项，这一改变最大的好处是在 A9/B9 统一列明了买方或卖方所有的费用项目，相关方可以在同一个条款中找到他选择的贸易术语所对应的所有费用项目。

这样的改变能够使卖方和买方对各自所负担的费用一目了然，卖方在报价时可以做到心中有数，报价有理有据；在履行合同过程中，这一改变也令双方对各自应该负担哪些费用清清楚楚，能够有效地减少履约过程中可能出现的分歧和争议。

《Incoterms®2020》的这几个变化对买卖双方均有实质性的影响。这些比较明显的变化对外贸从业人员来说也是必须了解和跟进的。《国际贸易术语解释通则》作为一个非常有影响力的国际贸易惯例，在不断地推陈出新，我们要主动去了解和接纳其变化。新的版本在使用过程中也可能会面临一些意想不到的实际问题，更加需要外贸从业人员去发现和提出意见。

## 附录 B 《跟单信用证统一惯例》（UCP600）

### 第一条 UCP 的适用范围

《跟单信用证统一惯例》，2007 年修订本，国际商会第 600 号出版物（简称"UCP"）乃一套规则，适用于所有的其文本中明确表明受本惯例约束的跟单信用证（下称"信用证"）（在其可适用的范围内，包括备用信用证）。除非信用证明确修改或排除，本惯例各条文对信用证所有当事人均具有约束力。

### 第二条 定义

就本惯例而言：

通知行意指应开证行的要求通知信用证的银行。

申请人意指要求开立信用证的一方。

银行工作日意指银行在其履行受本惯例约束的行为的地点通常开业的一天。

受益人意指接受信用证并享受其利益的一方。

相符交单意指与信用证条款、本惯例的相关适用条款以及国际标准银行实务一致的交单。

保兑意指保兑行在开证行承诺之外做出的承付或议付相符交单的确定承诺。

保兑行意指根据开证行的授权或要求对信用证加具保兑的银行。

信用证意指一项不可撤销的安排，无论其名称或描述如何，该项安排构成开证行对相符交单予以承付的确定承诺。

承付意指：

a．如果信用证为即期付款信用证，则即期付款。

b．如果信用证为延期付款信用证，则承诺延期付款并在承诺到期日付款。

c．如果信用证为承兑信用证，则承兑受益人开出的汇票并在汇票到期日付款。

开证行意指应申请人要求或者代表自己开出信用证的银行。

议付意指指定银行在相符交单下，在其应获偿付的银行工作日当天或之前向受益人预付或者同意预付款项，从而购买汇票（其付款人为指定银行以外的其他银行）及/或单据的行为。

指定银行意指信用证可在其处兑用的银行，如信用证可在任一银行兑用，则任何银行均为指定银行。

交单意指向开证行或指定银行提交信用证项下单据的行为，或指按此方式提交的单据。

交单人意指实施交单行为的受益人、银行或其他人。

**第三条　解释**

就本惯例而言：

如情形适用，单数词形包含复数含义，复数词形包含单数含义。

信用证是不可撤销的，即使未如此表明。

单据签字可用手签、摹样签字、穿孔签字、印戳、符号或任何其他机械或电子的证实方法为之。

诸如单据须履行法定手续、签证、证明等类似要求，可由单据上任何看似满足该要求的签字、标记、印戳或标签来满足。

一家银行在不同国家的分支机构被视为不同的银行。

用诸如"第一流的""著名的""合格的""独立的""正式的""有资格的"或"本地的"等词语描述单据的出单人时，允许除受益人之外的任何人出具该单据。

除非要求在单据中使用，否则诸如"迅速地""立刻地"或"尽快地"等词语将被不予理会。

"在或大概在（on or about）"或类似用语将被视为规定事件发生在指定日期的前后五个日历日之间，起讫日期计算在内。

"至（to）""直至（until、till）""从……开始（from）"及"在……之间（between）"等词用于确定发运日期时包含提及的日期，使用"在……之前（before）"及"在……之后（after）"时则不包含提及的日期。

"从……开始（from）"及"在……之后（after）"等词用于确定到期日时不包含提及的日期。

"前半月"及"后半月"分别指一个月的第一日到第十五日及第十六日到该月的最后一日，起讫日期计算在内。

一个月的"开始（beginning）""中间（middle）"及"末尾（end）"分别指第一日到第十日、第十一日到第二十日及第二十一日到该月的最后一日，起讫日期计算在内。

第四条　信用证与合同

a．就其性质而言，信用证与可能作为其开立基础的销售合同或其他合同是相互独立的交易，即使信用证中含有对此类合同的任何援引，银行也与该合同无关，且不受其约束。因此，银行关于承付、议付或履行信用证项下其他义务的承诺，不受申请人基于与开证行或与受益人之间的关系而产生的任何请求或抗辩的影响。

受益人在任何情况下不得利用银行之间或申请人与开证行之间的合同关系。

b．开证行应劝阻申请人试图将基础合同、形式发票等文件作为信用证组成部分的做法。

第五条　单据与货物、服务或履约行为

银行处理的是单据，而不是单据可能涉及的货物、服务或履约行为。

第六条　兑用方式、截止日和交单地点

a．信用证必须规定可在其处兑用的银行，或是否可在任一银行兑用。规定在指定银行兑用的信用证同时也可以在开证行兑用。

b．信用证必须规定其是以即期付款、延期付款、承兑还是议付的方式兑用。

c．信用证不得开成凭以申请人为付款人的汇票兑用。

d．i．信用证必须定一个交单的截止日。规定的承付或议付的截止日将被视为交单的截止日。

ii．可在其处兑用信用证的银行所在地即为交单地点。可在任一银行兑用的信用证其交单地点为任一银行所在地。除规定的交单地点外，开证行所在地也是交单地点。

e．除非如第二十九条 a 款规定的情形，否则受益人或者代表受益人的交单应在截止日当天或之前完成。

第七条　开证行责任

a．只要规定的单据提交给指定银行或开证行，并且构成相符交单，则开证行必须承付，如果信用证为以下情形之一：

i．信用证规定由开证行即期付款，延期付款或承兑。

ii．信用证规定由指定银行即期付款但其未付款。

iii．信用证规定由指定银行延期付款但其未承诺延期付款，或虽已承诺延期付款，但未在到期日付款。

iv．信用证规定由指定银行承兑，但其未承兑以其为付款人的汇票，或虽然承兑了汇票，但未在到期日付款。

v. 信用证规定由指定银行议付但其未议付。

b. 开证行自开立信用证之时起即不可撤销地承担承付责任。

c. 指定银行承付或议付相符交单并将单据转给开证行之后，开证行即承担偿付该指定银行的责任。对承兑或延期付款信用证下相符交单金额的偿付应在到期日办理，无论指定银行是否在到期日之前预付或购买了单据。开证行偿付指定银行的责任独立于开证行对受益人的责任。

第八条 保兑行责任

a. 只要规定的单据提交给保兑行，或提交给其他任何指定银行，并且构成相符交单，保兑行必须：

i. 承付，如果信用证为以下情形之一：

a）信用证规定由保兑行即期付款、延期付款或承兑。

b）信用证规定由另一指定银行延期付款，但其未付款。

c）信用证规定由另一指定银行延期付款，但其未承诺延期付款，或虽已承诺延期付款但未在到期日付款。

d）信用证规定由另一指定银行承兑，但其未承兑以其为付款人的汇票，或虽已承兑汇票未在到期日付款。

e）信用证规定由另一指定银行议付，但其未议付。

ii. 无追索权地议付，如果信用证规定由保兑行议付。

b. 保兑行自对信用证加具保兑之时起即不可撤销地承担承付或议付的责任。

c. 其他指定银行承付或议付相符交单并将单据转往保兑行之后，保兑行即承担偿付该指定银行的责任。对承兑或延期付款信用证下相符交单金额的偿付应在到期日办理，无论指定银行是否在到期日之前预付或购买了单据。保兑行偿付指定银行的责任独立于保兑行对受益人的责任。

d. 如果开证行授权或要求一银行对信用证加具保兑，而其并不准备照办，则其必须毫不延误地通知开证行，并可通知此信用证而不加保兑。

第九条 信用证及其修改的通知

a. 信用证及其任何修改可以经由通知行通知给受益人。非保兑行的通知行通知信用证及修改时不承担承付或议付的责任。

b. 通知行通知信用证或修改的行为表示其已确信信用证或修改的表面真实性，而且其通知准确地反映了其收到的信用证或修改的条款。

c. 通知行可以通过另一银行（"第二通知行"）向受益人通知信用证及修改。第二通知行通知信用证或修改的行为表明其已确信收到的通知的表面真实性，并且其通知准确地反映了其收到的信用证或修改的条款。

d. 经由通知行或第二通知行通知信用证的银行必须经由同一银行通知其后的任何修改。

e. 如一银行被要求通知信用证或修改但其决定不予通知，则应毫不延误地告知自其处收到信用证、修改或通知的银行。

f. 如一银行被要求通知信用证或修改但其不能确信信用证、修改或通知的表面真实性，则应毫不延误地通知看似从其处收到指示的银行。如果通知行或第二通知行决定仍然通知信用证或修改，则应告知受益人或第二通知行其不能确信信用证、修改或通知的表面真实性。

第十条 修改

a. 除第三十八条另有规定者外，未经开证行、保兑行（如有的话）及受益人同意，信用证既不得修改，也不得撤销。

b. 开证行自发出修改之时起，即不可撤销地受其约束。保兑行可将其保兑扩展至修改，并自通知该修改时，即不可撤销地受其约束。但是，保兑行可以选择将修改通知受益人而不对其加具保兑。若然如此，其必须毫不延误地将此告知开证行，并在其给受益人的通知中告知受益人。

c. 在受益人告知通知修改的银行其接受该修改之前，原信用证（或含有先前被接受的修改的信用证）的条款对受益人仍然有效。受益人应提供接受或拒绝修改的通知。如果受益人未能给予通知，当交单与信用证以及尚未表示接受的修改的要求一致时，即视为受益人已做出接受修改的通知，并且从此时起，该信用证被修改。

d. 通知修改的银行应将任何接受或拒绝的通知转告发出修改的银行。

e. 对同一修改的内容不允许部分接受，部分接受将被视为拒绝修改的通知。

f. 修改中关于除非受益人在某一时间内拒绝修改否则修改生效的规定应被不予理会。

第十一条 电讯传输的和预先通知的信用证和修改

a. 以经证实的电讯方式发出的信用证或信用证修改即被视为有效的信用证或修改文据，任何后续的邮寄确认书应被不予理会。

如电讯声明"详情后告"（或类似用语）或声明以邮寄确认书为有效信用证或修改，则该电讯不被视为有效信用证或修改。开证行必须随即不迟延地开立有效信用证或修改，其条款不得与该电讯矛盾。

b. 开证行只有在准备开立有效信用证或做出有效修改时，才可以发出关于开立或修改信用证的初步通知（预先通知）。开证行做出该预先通知，即不可撤销地保证不迟延地开立或修改信用证，且其条款不能与预先通知相矛盾。

第十二条 指定

a. 除非指定银行为保兑行，对于承付或议付的授权并不赋予指定银行承付或议付的义务，除非该指定银行明确表示同意并且告知受益人。

b. 开证行指定一银行承兑汇票或做出延期付款承诺，即为授权该指定银行预付或购买其已承兑的汇票或已做出的延期付款承诺。

c．非保兑行的指定银行收到或审核并转递单据的行为并不使其承担承付或议付的责任，也不构成其承付或议付的行为。

**第十三条　银行之间的偿付安排**

a．如果信用证规定指定银行（"索偿行"）向另一方（"偿付行"）获取偿付时，必须同时规定该偿付是否按信用证开立时有效的ICC银行间偿付规则进行。

b．如果信用证没有规定偿付遵守ICC银行间偿付规则，则按照以下规定：

ⅰ．开证行必须给予偿付行有关偿付的授权，授权应符合信用证关于兑用方式的规定，且不应设定截止日。

ⅱ．开证行不应要求索偿行向偿付行提供与信用证条款相符的证明。

ⅲ．如果偿付行未按信用证条款见索即偿，开证行将承担利息损失以及产生的任何其他费用。

ⅳ．偿付行的费用应由开证行承担。然而，如果此项费用由受益人承担，开证行有责任在信用证及偿付授权中注明。如果偿付行的费用由受益人承担，该费用应在偿付时从付给索偿行的金额中扣取。如果偿付未发生，偿付行的费用仍由开证行负担。

c．如果偿付行未能见索即偿，开证行不能免除偿付责任。

**第十四条　单据审核标准**

a．按指定行事的指定银行、保兑行（如有）及开证行须审核交单，并仅基于单据本身确定其是否在表面上构成相符交单。

b．按指定行事的指定银行、保兑行（如有）及开证行各有从交单次日起至多五个银行工作日用以确定交单是否相符。这一期限不因在交单日当天或之后信用证截止日或最迟交单日届至而受到缩减或影响。

c．如果单据中包含一份或多份受第十九、二十、二十一、二十二、二十三、二十四或二十五条规制的正本运输单据，则须由受益人或其代表在不迟于本惯例所指的发运日之后的二十一个日历日内交单，但是在任何情况下都不得迟于信用证的截止日。

d．单据中的数据，在与信用证、单据本身以及国际标准银行实务参照解读时，无须与该单据本身中的数据、其他要求的单据或信用证中的数据等同一致，但不得矛盾。

e．除商业发票外，其他单据中的货物、服务或履约行为的描述，如果有的话，可使用与信用证中的描述不矛盾的概括性用语。

f．如果信用证要求提交运输单据、保险单据或者商业发票之外的单据，却未规定出单人或其数据内容，则只要提交的单据内容看似满足所要求单据的功能，且其他方面符合第十四条d款，银行将接受该单据。

g．提交的非信用证所要求的单据将被不予理会，并可被退还给交单人。

h．如果信用证含有一项条件，但未规定用以表明该条件得到满足的单据，银行将视为未作规定并不予理会。

i. 单据日期可以早于信用证的开立日期，但不得晚于交单日期。

j. 当受益人和申请人的地址出现在任何规定的单据中时，无须与信用证或其他规定单据中所载相同，但必须与信用证中规定的相应地址同在一国。联络细节（传真、电话、电子邮件及类似细节）作为受益人和申请人地址的一部分时将被不予理会。然而，如果申请人的地址和联络细节为第十九、二十、二十一、二十二、二十三、二十四或二十五条规定的运输单据上的收货人或通知方细节的一部分时，应与信用证规定的相同。

k. 在任何单据中注明的托运人或发货人无须为信用证的受益人。

l. 运输单据可以由任何人出具，无须为承运人、船东、船长或租船人，只要其符合第十九、二十、二十一、二十二、二十三或二十四条的要求。

**第十五条　相符交单**

a. 当开证行确定交单相符时，必须承付。

b. 当保兑行确定交单相符时，必须承付或者议付并将单据转递给开证行。

c. 当指定银行确定交单相符并承付或议付时，必须将单据转递给保兑行或开证行。

**第十六条　不符单据、放弃及通知**

a. 当按照指定行事的指定银行、保兑行（如有）或者开证行确定交单不符时，可以拒绝承付或议付。

b. 当开证行确定交单不符时，可以自行决定联系申请人放弃不符点。然而这并不能延长第十四条 b 款所指的期限。

c. 当按照指定行事的指定银行、保兑行（如有）或开证行决定拒绝承付或议付时，必须给予交单人一份单独的拒付通知。

该通知必须声明：

i. 银行拒绝承付或议付；及

ii. 银行拒绝承付或者议付所依据的每一个不符点；及

iii. a）银行留存单据听候交单人的进一步指示；或者

b）开证行留存单据直到其从申请人处接到放弃不符点的通知并同意接受该放弃，或者其同意接受对不符点的放弃之前从交单人处收到其进一步指示；或者

c）银行将退回单据；或者

d）银行将按之前从交单人处获得的指示处理。

d. 第十六条 c 款要求的通知必须以电讯方式，如不可能，则以其他快捷方式，在不迟于自交单之翌日起第五个银行工作日结束前发出。

e. 按照指定行事的指定银行、保兑行（如有）或开证行在按照第十六条 c 款 iii 项 a）或 b）发出了通知后，可以在任何时候将单据退还交单人。

f. 如果开证行或保兑行未能按照本条行事，则无权宣称交单不符。

g. 当开证行拒绝承付或保兑行拒绝承付或者议付，并且按照本条发出了拒付通知后，

有权要求返还已偿付的款项及利息。

**第十七条　正本单据及副本**

a. 信用证规定的每一种单据须至少提交一份正本。

b. 银行应将任何带有看似出单人的原始签名、标记、印戳或标签的单据视为正本单据，除非单据本身表明其非正本。

c. 除非单据本身另有说明，在以下情况下，银行也将其视为正本单据：

i. 单据看似由出单人手写、打字、穿孔或盖章；或者

ii. 单据看似使用出单人的原始信纸出具；或者

iii. 单据声明其为正本单据，除非该声明看似不适用于提交的单据。

d. 如果信用证要求提交单据的副本，提交正本或副本均可。

e. 如果信用证使用诸如"一式两份（in duplicate）""两份（in two fold）""两套（in two copies）"等用语要求提交多份单据，则提交至少一份正本，其余使用副本即可满足要求，除非单据本身另有说明。

**第十八条　商业发票**

a. 商业发票：

i. 必须看似由受益人出具（第三十八条规定的情形除外）。

ii. 必须出具成以申请人为抬头（第三十八条 g 款规定的情形除外）。

iii. 必须与信用证的货币相同；且

iv. 无须签名。

b. 按指定行事的指定银行、保兑行（如有）或开证行可以接受金额大于信用证允许金额的商业发票，其决定对有关各方均有约束力，只要该银行对超过信用证允许金额的部分未作承付或者议付。

c. 商业发票上的货物、服务或履约行为的描述应该与信用证中的描述一致。

**第十九条　涵盖至少两种不同运输方式的运输单据**

a. 涵盖至少两种不同运输方式的运输单据（多式或联合运输单据），无论名称如何，必须看似：

i. 表明承运人名称，并由以下人员签署：

a）承运人或其具名代理人，或

b）船长或其具名代理人。

承运人、船长或代理人的任何签字，必须标明其承运人、船长或代理人的身份。

代理人的任何签字必须标明其是代表承运人还是船长签字。

ii. 通过以下方式表明货物已在信用证规定的地点发送、接管或已装船：

a）预先印就的文字，或

b）表明货物已经被发送、接管或装船日期的印戳或批注。

运输单据的出具日期将被视为发送、接管或装船的日期，也即发运的日期。然而如单据以印戳或批注的方式表明了发送、接管或装船日期，该日期将被视为发运日期。

ⅲ．表明信用证规定的发送、接管或发运地点，以及最终目的地，即使：

a）该运输单据另外还载明了一个不同的发送、接管或发运地点或最终目的地，或者

b）该运输单据载有"预期的"或类似的关于船只、装货港或卸货港的限定语。

ⅳ．为唯一的正本运输单据，或者，如果出具为多份正本，则为运输单据中表明的全套单据。

ⅴ．载有承运条款和条件，或提示承运条款和条件参见别处（简式/背面空白的运输单据）。银行将不审核承运条款和条件的内容。

ⅵ．未表明受租船合同约束。

b．就本条而言，转运是指在从信用证规定的发送、接管或发运地点或最终目的地的运输过程中从某一运输工具上卸下货物并装上另一运输工具的行为（无论其是否为不同的运输方式）。

c．ⅰ．运输单据可以表明货物将要或可能被转运，只要全程运输由同一运输单据涵盖。

ⅱ．即使信用证禁止转运，注明将要或者可能发生转运的运输单据仍可接受。

**第二十条　提单**

a．提单，无论名称如何，必须看似：

ⅰ．表明承运人名称，并由以下人员签署：

a）承运人或其具名代理人，或

b）船长或其具名代理人。

承运人、船长或代理人的任何签字，必须标明其承运人、船长或代理人的身份。

代理人的任何签字必须标明其是代表承运人还是船长签字。

ⅱ．通过以下方式表明货物已在信用证规定的装货港装上具名船只：

a）预先印就的文字，或

b）已装船批注注明货物的装运日期。

提单的出具日期将被视为发运日期，除非提单载有表明发运日期的已装船批注，此时已装船批注中显示的日期将被视为发运日期。

如果提单载有"预期的"或类似的关于船名的限定语，则需要以已装船批注明确发运日期以及实际船名。

ⅲ．表明货物从信用证规定的装货港发运至卸货港。

如果提单未以信用证规定的装货港为装货港，或者其载有"预期的"或类似的关于装货港的限定语，则需要以已装船批注表明信用证规定的装货港、发运日期以及实际船名。即使提单以预先印就的文字表明货物已由具名船只装载或装运，本规定仍适用。

ⅳ．为唯一的正本提单，或如果以多份正本出具，为提单中表明的全套正本。

v. 载有承运条款和条件，或提示承运条款和条件参见别外（简式/背面空白的提单）。银行将不审核承运条款和条件的内容。

vi. 未表明受租船合同约束。

b. 就本条而言，转运是指在信用证规定的装货港到卸货港之间的运输过程中，将货物从一船卸下并再装上另一船的行为。

c. i. 提单可以注明货物将要或可能被转运，只要全程运输由同一提单涵盖。

ii. 即使信用证禁止转运，注明将要或可能发生转运的提单仍可接受，只要其表明货物由集装箱、拖船或子船运输。

d. 提单中声明承运人保留转运权利的条款将被不予理会。

### 第二十一条　不可转让的海运单

a. 不可转让的海运单，无论名称如何，必须看似：

i. 表明承运人名称，并由以下人员签署：

a）承运人或其具名代理人，或

b）船长或其具名代理人。

承运人、船长或代理人的任何签字，必须标明其承运人、船长或代理人的身份。

代理人的任何签字必须标明其是代表承运人还是船长签字。

ii. 通过以下方式表明货物已在信用证规定的装货港装上具名船只：

a）预先印就的文字，或

b）已装船批注注明货物的装运日期。

不可转让海运单的出具日期将被视为发运日期，除非其上带有已装船批注注明发运日期，此时已装船批注中显示的日期将被视为发运日期。

如果不可转让海运单载有"预期的"或类似的关于船名的限定语，则需要以已装船批注明确发运日期以及实际船名。

iii. 表明货物从信用证规定的装货港发运至卸货港。

如果不可转让海运单未以信用证规定的装货港为装货港，或者其载有"预期的"或类似的关于装货港的限定语，则需要以已装船批注表明信用证规定的装货港、发运日期和船只。即使不可转让海运单以预先印就的文字表明货物已由具名船只装载或装运，本规定仍适用。

iv. 为唯一的正本不可转让海运单，或如果以多份正本出具，为海运单中表明的全套正本。

v. 载有承运条款和条件，或提示承运条款和条件参见别处（简式/背面空白的海运单）。银行将不审核承运条款和条件的内容。

vi. 未注明受租船合同约束。

b. 就本条而言，转运是指在信用证规定的装货港到卸货港之间的运输过程中，将货物从一船卸下并再装上另一船的行为。

c. i. 不可转让海运单可以注明货物将要或可能被转运，只要全程运输由同一海运单涵盖。

ii. 即使信用证禁止转运，注明将要或可能发生转运的不可转让海运单仍可接受，只要其表明货物由集装箱、拖船或子船运输。

d. 不可转让海运单中声明承运人保留转运权利的条款将被不予理会。

第二十二条　租船合同提单

a. 表明其受租船合同约束的提单（租船合同提单），无论名称如何，必须看似：

i. 由以下人员签署：

a）船长或其具名代理人，或

b）船东或其具名代理人，或

c）租船人或其具名代理人。

船长、船东、租船人或代理人的任何签字，必须标明其船长、船东、租船人或代理人的身份。

代理人的任何签字必须标明其是代表船长、船东还是租船人签字。

代理人代表船东或租船人签字时必须注明船东或租船人的名称。

ii. 通过以下方式表明货物已在信用证规定的装货港装上具名船只：

a）预先印就的文字，或

b）已装船批注注明货物的装运日期。

租船合同提单的出具日期将被视为发运日期，除非其上带有已装船批注注明发运日期，此时已装船批注中显示的日期将被视为发运日期。

iii. 表明货物从信用证规定的装货港发运至卸货港。卸货港也可显示为信用证规定的港口范围或地理区域。

iv. 为唯一的正本租船合同提单，或如果以多份正本出具，为租船合同提单中表明的全套正本。

b. 银行将不审核租船合同，即使信用证要求提交租船合同。

第二十三条　空运单据

a. 空运单据，无论名称如何，必须看似：

i. 表明承运人名称，并由以下人员签署：

a）承运人，或

b）承运人的具名代理人。

承运人或其代理人的任何签字，必须标明其承运人或代理人的身份。

代理人的任何签字必须标明其是代表承运人签字。

ii. 表明货物已被收妥待运。

ⅲ．表明出具日期。该日期将被视为发运日期，除非其上带有专门批注注明实际发运日期，此时批注中显示的日期将被视为发运日期。

空运单据中其他与航班号和航班日期相关的信息将不被用来确定发运日期。

ⅳ．表明信用证规定的起飞机场和目的地机场。

ⅴ．为开给发货人或托运人的正本，即使信用证规定提交全套正本。

ⅵ．载有承运条款和条件，或提示承运条款和条件参见别处。银行将不审核承运条款和条件的内容。

b．就本条而言，转运是指在信用证规定的起飞机场到目的地机场的运输过程中，将货物从一飞机卸下并再装上另一飞机的行为。

c．ⅰ．空运单据可以注明货物将要或可能转运，只要全程运输由同一空运单据涵盖。

ⅱ．即使信用证禁止转运，注明将要或可能发生转运的空运单据仍可接受。

**第二十四条　公路、铁路或内陆水运单据**

a．公路、铁路或内陆水运单据，无论名称如何，必须看似：

ⅰ．表明承运人名称，并且由承运人或其具名代理人签署，或者由承运人或其具名代理人以签字、印戳或批注表明货物收讫。

承运人或其具名代理人的收货签字、印戳或批注，必须标明其承运人或代理人的身份。

代理人的收货签字、印戳或批注，必须标明其是代表承运人签字或行事。

如果铁路运输单据没有指明承运人，可以接受铁路运输公司的任何签字或印戳作为承运人签署单据的证据。

ⅱ．表明货物的信用规定地点的发运日期，或者收讫待运或待发送的日期。运输单据的出具日期将被视为发运日期，除非其上盖有带日期的收货印戳，或注明了收货日期或发运日期。

ⅲ．表明信用证规定的发运地及目的地。

b．ⅰ．公路运输单据必须看似为开给发货人或托运人的正本，或没有任何标记表明单据开给何人。

ⅱ．注明"第二联"的铁路运输单据将被作为正本接受。

ⅲ．无论是否注明正本字样，铁路或内陆水运单据都被作为正本接受。

c．如运输单据上未注明出具的正本数量，提交的份数即视为全套正本。

d．就本条而言，转运是指在信用证规定的发运、发送或运送的地点到目的地之间的运输过程中，在同一运输方式中从一运输工具卸下并再装上另一运输工具的行为。

e．ⅰ．公路、铁路或内陆水运单据可以注明货物将要或可能转运，只要全程运输由同一运输单据涵盖。

ⅱ．即使信用证禁止转运，注明将要或可能发生转运的公路、铁路或内陆水运单据仍可接受。

**第二十五条　快递收据、邮政收据或投邮证明**

a. 证明货物收讫待运的快递收据,无论名称如何,必须看似:

i. 表明快递机构的名称,并在信用证规定的货物发运地点由该具名快递机构盖章或签字;并且

ii. 表明取件或收件的日期或类似词语,该日期将被视为发运日期。

b. 如果要求显示快递费用付讫或预付,快递机构出具的表明快递费由收货人以外的一方支付的运输单据可以满足该项要求。

c. 证明货物收讫待运的邮政收据或投邮证明,无论名称如何,必须看似在信用证规定的货物发运地点盖章或签署并注明日期。该日期将被视为发运日期。

**第二十六条　"货装舱面""托运人装载和计数""内容据托运人报称"及运费之外的费用**

a. 运输单据不得表明货物装于或者将装于舱面。声明货物可能装于舱面的运输单据条款可以接受。

b. 载有诸如"托运人装载和计数"或"内容据托运人报称"条款的运输单据可以接受。

c. 运输单据上可以以印戳或其他方法提及运费之外的费用。

**第二十七条　清洁运输单据**

银行只接受清洁运输单据。清洁运输单据指未载有明确宣称货物或包装有缺陷的条款或批注的运输单据。"清洁"一词并不需要在运输单据上出现,即使信用证要求运输单据为"清洁已装船"的。

**第二十八条　保险单据及保险范围**

a. 保险单据,例如保险单或预约保险项下的保险证明书或者声明书,必须看似由保险公司或承保人或其代理人或代表出具并签署。

b. 如果保险单据表明其以多份正本出具,所有正本均须提交。

c. 暂保单将不被接受。

d. 可以接受保险单代预约保险项下的保险证明书或声明书。

e. 保险单据日期不得晚于发运日期,除非保险单据表明保险责任不迟于发运日生效。

f. i. 保险单据必须表明投保金额并以与信用证相同的货币表示。

ii. 信用证对于投保金额为货物价值、发票金额或类似金额的某一比例的要求,将被视为对最低保额的要求。

如果信用证对投保金额未做规定,投保金额须至少为货物的 CIF 或 CIP 价格的 110%。

如果从单据中不能确定 CIF 或者 CIP 价格,投保金额必须基于要求承付或议付的金额,或者基于发票上显示的货物总值来计算,两者之中取金额较高者。

iii. 保险单据须表明承保的风险区间至少涵盖从信用证规定的货物接管地或发运地开始到卸货地或最终目的地为止。

g．信用证应规定所需投保的险别及附加险（如有）。如果信用证使用诸如"通常风险"或"惯常风险"等含义不确切的用语，则无论是否有漏保之风险，保险单据将被照样接受。

h．当信用证规定投保"一切险"时，如保险单据载有任何"一切险"批注或条款，无论是否有"一切险"标题，均将被接受，即使其声明任何风险除外。

i．保险单据可以援引任何除外条款。

j．保险单据可以注明受免赔率或免赔额（减除额）约束。

第二十九条　截止日或最迟交单日的顺延

a．如果信用证的截止日或最迟交单日适逢接受交单的银行非因第三十六条所述原因而歇业，则截止日或最迟交单日，视何者适用，将顺延至其重新开业的第一个银行工作日。

b．如果在顺延后的第一个银行工作日交单，指定银行必须在其致开证行或保兑行的面函中声明交单是在根据第二十九条 a 款顺延的期限内提交的。

c．最迟发运日不因第二十九条 a 款规定的原因而顺延。

第三十条　信用证金额、数量与单价的伸缩度

a．"约"或"大约"用于信用证金额或信用证规定的数量或单价时，应解释为允许有关金额或数量或单价有不超过10%的增减幅度。

b．在信用证未以包装单位件数或货物自身件数的方式规定货物数量时，货物数量允许有5%的增减幅度，只要总支取金额不超过信用证金额。

c．如果信用证规定了货物数量，而该数量已全部发运，及如果信用证规定了单价，而该单价又未降低，或当第三十条 b 款不适用时，则即使不允许部分装运，也允许支取的金额有 5%的减幅。若信用证规定有特定的增减幅度或使用第三十条 a 款提到的用语限定数量，则该减幅不适用。

第三十一条　部分支款或部分发运

a．允许部分支款或部分发运。

b．表明使用同一运输工具并经由同次航程运输的数套运输单据在同一次提交时，只要显示相同目的地，将不视为部分发运，即使运输单据上表明的发运日期不同或装货港、接管地或发运地点不同。如果交单由数套运输单据构成，其中最晚的一个发运日将被视为发运日。

含有一套或数套运输单据的交单，如果表明在同一种运输方式下经由数件运输工具运输，即使运输工具在同一天出发运往同一目的地，仍将被视为部分发运。

c．含有一份以上快递收据、邮政收据或投邮证明的交单，如果单据看似由同一快递或邮政机构在同一地点和日期加盖印戳或签字并且表明同一目的地，将不视为部分发运。

第三十二条　分期支款或分期发运

如信用证规定在指定的时间段内分期支款或分期发运，任何一期未按信用证规定期限

支取或发运时，信用证对该期及以后各期均告失效。

### 第三十三条　交单时间
银行在其营业时间外无接受交单的义务。

### 第三十四条　关于单据有效性的免责
银行对任何单据的形式、充分性、准确性、内容真实性、虚假性或法律效力，或对单据中规定或添加的一般或特殊条件，概不负责；银行对任何单据所代表的货物、服务或其他履约行为的描述、数量、重量、品质、状况、包装、交付、价值或其存在与否，或对发货人、承运人、货运代理人、收货人、货物的保险人或其他任何人的诚信与否、作为或不作为、清偿能力、履约或资信状况，也概不负责。

### 第三十五条　关于信息传递和翻译的免责
当报文、信件或单据按照信用证的要求传输或发送时，或当信用证未作指示，银行自行选择传送服务时，银行对报文传输或信件或单据的递送过程中发生的延误、中途遗失、残缺或其他错误产生的后果，概不负责。

如果指定银行确定交单相符并将单据发往开证行或保兑行，无论指定银行是否已经承付或议付，开证行或保兑行必须承付或议付，或偿付指定银行，即使单据在指定银行送往开证行或保兑行的途中，或保兑行送往开证行的途中丢失。

银行对技术术语的翻译或解释上的错误，不负责任，并可不加翻译地传送信用证条款。

### 第三十六条　不可抗力
银行对由于天灾、暴动、骚乱、叛乱、战争、恐怖主义行为或任何罢工、停工或其无法控制的任何其他原因导致的营业中断的后果，概不负责。

银行恢复营业时，对于在营业中断期间已逾期的信用证，不再进行承付或议付。

### 第三十七条　关于被指示方行为的免责
a. 为了执行申请人的指示，银行利用其他银行的服务，其费用和风险由申请人承担。

b. 即使银行自行选择了其他银行，如果发出的指示未被执行，开证行或通知行对此亦不负责。

c. 指示另一银行提供服务的银行有责任负担被指示方因执行指示而发生的任何佣金、手续费、成本或开支（"费用"）。

如果信用证规定费用由受益人负担，而该费用未能收取或从信用证款项中扣除，开证行依然承担支付此费用的责任。

信用证或其修改不应规定向受益人的通知以通知行或第二通知行收到其费用为条件。

d. 外国法律和惯例加诸银行的一切义务和责任，申请人应受其约束，并就此对银行负有补偿之责。

### 第三十八条　可转让信用证
a. 银行无办理信用证转让的义务，除非其明确同意。

b. 就本条而言：

可转让信用证是指特别注明"可转让（transferable）"字样的信用证。可转让信用证可应受益人（第一受益人）的要求转为全部或部分由另一受益人（第二受益人）兑用。

转让行是指办理信用证转让的指定银行，或当信用证规定可在任何银行兑用时，指开证行特别如此授权并实际办理转让的银行。开证行也可担任转让行。

已转让信用证指已由转让行转为可由第二受益人兑用的信用证。

c. 除非转让时另有约定，有关转让的所有费用（诸如佣金、手续费、成本或开支）须由第一受益人支付。

d. 只要信用证允许部分支款或部分发运，信用证可以被部分地转让给数名第二受益人。

已转让信用证不得应第二受益人的要求转让给任何其后受益人。第一受益人不视为其后受益人。

e. 任何转让要求须说明是否允许及在何条件下允许将修改通知第二受益人。已转让信用证须明确说明该项条件。

f. 如果信用证转让给数名第二受益人，其中一名或多名第二受益人对信用证修改的拒绝并不影响其他第二受益人接受修改。对接受者而言，该信用证已做相应修改；而对拒绝修改的第二受益人而言，该信用证未被修改。

g. 已转让信用证须准确转载原信用证条款，包括保兑（如有），但下列项目除外：

——信用证金额。

——规定的任何单价。

——截止日。

——交单期限。

——最迟发运日或发运期间。

以上任何一项或全部均可减少或缩短。

必须投保的保险比例可以增加，以达到原信用证或本惯例规定的保险金额。

可用第一受益人的名称替换原信用证中的开证申请人名称。

如果原信用证特别要求开证申请人名称应在除发票以外的任何单据出现，已转让信用证必须反映该项要求。

h. 第一受益人有权以自己的发票和汇票（如有）替换第二受益人的发票和汇票，其金额不得超过原信用证的金额。经过替换后，第一受益人可在原信用证项下支取自己发票与第二受益人发票间的差价（如有）。

i. 如果第一受益人应提交其自己的发票和汇票（如有），但未能在第一次要求时照办，或第一受益人提交的发票导致了第二受益人的交单中本不存在的不符点，而其未能在第一次要求时修正，转让行有权将从第二受益人处收到的单据照交开证行，并不再对第一受益人承担责任。

j．在要求转让时，第一受益人可以要求在信用证转让后的兑用地点，在原信用证的截止日之前（包括截止日），对第二受益人承付或议付。本规定并不损害第一受益人在第三十八条 h 款下的权利。

k．第二受益人或代表第二受益人的交单必须交给转让行。

**第三十九条　款项让渡**

信用证未注明可转让，并不影响受益人根据所适用的法律规定，将该信用证项下其可能有权或可能将有权获得的款项让渡给他人的权利。本条只涉及款项的让渡，而不涉及在信用证项下进行履行行为的权利让渡。

# 参 考 文 献

[1] 吴百福，徐小薇，聂清. 进出口贸易实务教程[M]. 7版. 上海：格致出版社，2015.
[2] 于丽娟. 外贸业务协调[M]. 2版. 北京：高等教育出版社，2019.
[3] 费景明，罗理广. 进出口贸易实务：国际商务专业[M]. 4版. 北京：高等教育出版社，2018.
[4] 陈玮，李春霞. 国际贸易流程[M]. 北京：科学出版社，2016.
[5] 黎孝先，王健. 国际贸易实务[M]. 7版. 北京：对外经济贸易大学出版社，2020.
[6] 中国国际商会/国际商会中国国家委员会. 国际贸易术语解释通则 2020[M]. 北京：对外经济贸易大学出版社，2019.
[7] 国际商会中国国家委员会. ICC 跟单信用证统一惯例：UCP600[M]. 北京：中国民主法制出版社，2006.
[8] 陈曦，王秋晓. 国际贸易基础与实务[M]. 大连：东北财经大学出版社，2017.
[9] 刘宪，王霖. 国际经贸案例分析[M]. 2版. 北京：清华大学出版社，2017.
[10] 崔日明，王海兰. 国际贸易实务[M]. 2版. 北京：机械工业出版社，2009.
[11] 冷柏军，段秀芳. 国际贸易实务[M]. 3版. 北京：北京大学出版社，2017.
[12] 马媛，林俐. 国际贸易实务[M]. 上海：立信会计出版社，2021.